Udo Kreggenfeld

Direkt im Dialog

Professionelle Gesprächsführung
in Unternehmen und Organisationen

managerSeminare Verlags GmbH, Edition Training aktuell

Udo Kreggenfeld
Direkt im Dialog
Professionelle Gesprächsführung in Unternehmen
und Organisationen

© 2002 managerSeminare Verlags GmbH
6. überarb. Auflage 2016
Endenicher Str. 41, D-53115 Bonn

Tel: 02 28–9 77 91-0, Fax: 02 28–616164
info@managerseminare.de
www.managerseminare.de/shop

Der Verlag hat sich bemüht, die Copyright-Inhaber aller verwendeten
Zitate, Texte, Abbildungen und Illustrationen zu ermitteln. Sollten
wir jemanden übersehen haben, so bitten wir den Copyright-
Inhaber, sich mit uns in Verbindung zu setzen.

Alle Rechte, insbesondere das Recht der Vervielfältigung und der
Verbreitung sowie der Übersetzung vorbehalten.

Printed in Germany

Herausgeber der Edition Training aktuell:
Ralf Muskatewitz, Jürgen Graf, Nicole Bußmann

ISBN 978-3-936075-66-3

Lektorat: Ralf Muskatewitz
Cover: istockphoto, Andrey Prokhorov
Druck: Kösel GmbH & Co. KG, Krugzell

Inhaltsverzeichnis

Vorwort... 7

Einleitung 11

Teil I:
Die innere Einstellung –
Kraftvoller Antrieb für professionelle Gesprächsführung

1. Innere Ressourcen: Ihre emotionale Verfassung entscheidet 19

1. Was Ihr Gefühlekonto mit Ihrem Girokonto gemeinsam hat 20
2. Wie „gute" Gefühle und wie „schlechte" Gefühle wirken 21
3. Wie Sie an „gute" Gefühle kommen 22
4. Wie Sie mit schweren Gefühlen umgehen können 24
5. Rollenspiel: Innere Ressourcen in der Praxis.......................................26
6. FAQs zu Innere Ressourcen 27
7. Checkliste 29
8. Das Wichtigste in Kürze...31
9. Trainings-Tipps zu Innere Ressourcen..32

2. Echtheit und Natürlichkeit: Ihr Weg zu einer offenen Atmosphäre..... 35

1. Echtheit in zwei Beispielen 36
2. Wie viel Echtheit wollen Sie zulassen?..40
3. Echtheit und Professionalität 42
4. Rollenspiel: Echtheit und Natürlichkeit in der Praxis..........................45
5. FAQs zu Echtheit und Natürlichkeit 48
6. Checkliste 51
7. Das Wichtigste in Kürze...53
8. Trainings-Tipps zu Echtheit und Natürlichkeit....................................54

3. Partnerschaftliche Einstellung: Mit Wertschätzung auf gleicher Augenhöhe 55

1. Ich bin okay – Du bist okay 56
2. Gesprächspartner verstehen und akzeptieren heißt nicht, ihnen zuzustimmen 58
3. Menschliche Vielfalt und Andersartigkeit: Ein Strukturierungsvorschlag 59
4. Den Akzeptanz-Muskel stärken 62
5. Rollenspiel: Partnerschaftliche Einstellung in der Praxis 64
6. FAQs zu Partnerschaftliche Einstellung 66
7. Checkliste 68
8. Das Wichtigste in Kürze 70
9. Trainings-Tipps zu Partnerschaftliche Einstellung 72

4. Zielklarheit: Wissen wohin – und wissen warum 77

1. Zielklarheit – was ist das? 78
2. Zielebene I: Mittel- und langfristige Ziele 78
3. Zielebene II: Gesprächsziele 83
4. Ziele überprüfen 85
5. Rollenspiel: Zielklarheit in der Praxis 87
6. FAQs zu Zielklarheit 89
7. Checkliste 91
8. Das Wichtigste in Kürze 93
9. Trainings-Tipps zu Zielklarheit 94

Teil II:
Kommunikative Kompetenzen – Handwerkszeug für professionelle Gesprächsführung

1. Transparenz schaffen: Effizient strukturieren und Absprachen treffen .. 97

1. Verlaufsmodell strukturierter Gespräche 98
2. Phase 0: Vorbereiten und Einladen 100
3. Phase 1: Warm-up und Transparenz 100

4.	Phase 2: Kernphase	102
5.	Phase 3: Reflexion und Cool-down	107
6.	Phase 4: Nachbereiten	108
7.	Rollenspiel: Transparenz schaffen in der Praxis	109
8.	FAQs zu Transparenz schaffen	112
9.	Checkliste	115
10.	Das Wichtigste in Kürze	117
11.	Trainings-Tipps zu Transparenz schaffen	118

2. Richtiges Zuhören: Ihr Schlüssel für den direkten Dialog ... 121

1.	Interesse und Neugier beim Zuhören	122
2.	Do's und Don'ts beim Zuhören	124
3.	Das Verständnis sicherstellen	126
4.	Gefühle ansprechen	128
5.	Rollenspiel: Richtiges Zuhören in der Praxis	132
6.	FAQs zu Richtiges Zuhören	134
7.	Checkliste	137
8.	Das Wichtigste in Kürze	139
9.	Trainings-Tipps zu Richtiges Zuhören	140

3. Fragen stellen: So lenken Sie das Gespräch in eine konstruktive Richtung ... 143

1.	Wer fragt, führt	144
2.	Fragetypen und ihr Nutzen	146
3.	Rollenspiel: Fragen stellen in der Praxis	158
4.	FAQs zu Fragen stellen	161
5.	Checkliste	163
6.	Das Wichtigste in Kürze	164
7.	Trainings-Tipps zu Fragen stellen	166

4. Stellung beziehen: Ihre Meinung auf den Punkt genau formulieren . 167

1.	Stellung beziehen: Behaupten und Begründen	168
2.	Instrumente für wirkungsvolles Argumentieren	173

3.	Fundgruben für die richtige Begründung	184
4.	Optionen entwickeln	190
5.	Rollenspiel: Stellung beziehen in der Praxis	194
6.	FAQs zu Stellung beziehen	199
7.	Checkliste	204
8.	Das Wichtigste in Kürze	206
9.	Trainings-Tipps zu Stellung beziehen	208

5. Störungen klären: Know-how gegen das Grummeln im Magen 211

1.	Störungen klären und Konflikte ansprechen – Risiko und Chance in einem	212
2.	Stufen der konstruktiven Störungsklärung	214
3.	Fünf Störungsebenen und Klärungsbeispiele	215
4.	Störungen verringern – geklärt kommunizieren	235
5.	Rollenspiel: Störungen klären in der Praxis	237
6.	FAQs zu Störungen klären	239
7.	Checkliste	243
8.	Das Wichtigste in Kürze	245
9.	Trainings-Tipps zu Störungen klären	248

Schlusswort 249

Sachverzeichnis 251

Literaturliste 253

 Alle mit diesem Icon versehenen Checklisten des Buchs sind auch als Download verfügbar. Zugriff haben Sie über den Link in der Umschlagklappe des Buchs.

Vorwort

Gesprächsführung und Kommunikation – ist dazu nicht schon alles gesagt?

Auf den ersten Blick scheint das so zu sein. Die Regale in den Buchhandlungen sind prall gefüllt. Auf den zweiten Blick fällt auf, dass fast alle Bücher voller guter Ratschläge sind. Die entscheidende Frage dabei ist: Lassen sich diese Ratschläge auf Ihren persönlichen Alltag übertragen? Denn wenn Sie Tipps übernehmen, sollten Sie dringend darauf achten, dass sie auch zu Ihnen passen. Die neue Kleidung muss sich gut anfühlen und Ihren Kriterien für Attraktivität entsprechen. Tut sie es nicht, mag der Anzug zwar gut aussehen – Sie selbst aber nicht. In einem steifen Sonntagsanzug ist noch niemand zur Höchstform aufgelaufen – nicht beim Small Talk und erst recht nicht beim Überzeugen.

Genau darum geht's aber. Sie wollen überzeugen, wollen in einer beruflichen Situation das Bestmögliche für die Firma, für sich und/oder für Ihre Mitarbeiter erreichen. Überzeugend wirken Sie aber nur, wenn Ihr Gegenüber spürt: Sie wissen, wovon Sie reden, und Sie stehen genau hinter dem, was Sie sagen. So werden Sie gleichermaßen als kompetenter Gesprächspartner und als Mensch wahrgenommen und akzeptiert. Dieses Buch will Ihnen einige der wirkungsvollsten Werkzeuge für eine erfolgreiche Gesprächsführung vermitteln.

Vorher jedoch möchte ich Ihnen eine Orientierungshilfe anbieten für die innere Einstellung, mit der Sie in ein Gespräch hineingehen und mit der Sie einen Dialog führen: Wenn Sie sich in die Lage gebracht haben, klar, offen und authentisch zu kommunzieren, haben Sie ein äußerst wirksames Fundament für eine effiziente Gesprächsführung – mit oder ohne rhetorische Hilfsmittel.

VORWORT

Was ist das Besondere an diesem Buch?

Es ist **ein Praxisbuch:** Die Erfahrungen von mehreren hundert Seminarsituationen und der Informationsbedarf von über tausend Seminarteilnehmern fließen hier mit ein.

Es ist **eine Orientierungshilfe:** Jegliches Wissen und nötige Theorie werden an konkreten Beispielen erläutert. Es zeigt, wie Gespräche im günstigsten Fall verlaufen. Und es zeigt, was Sie tun oder lassen sollten, wenn Sie mit dem Gesprächsverlauf nicht zufrieden sind. Unter der Überschrift FAQs (Frequently Asked Questions) finden Sie Antworten zu den am häufigsten gestellten Fragen rund um das Thema Dialog und Gesprächsführung.

Es ist **ein Arbeitsbuch:** Ihren persönlichen Weg zu einer möglichst optimalen Gesprächsführung müssen Sie sich schon ein wenig selbst erarbeiten. Eine Vielzahl an Checklisten und Fragen wird Sie dorthin begleiten.

Last not least ist es **ein Trainings-Tool:** Zahlreiche Methoden, wie Sie als Kommunikationsprofi anderen Personen die in diesem Buch vorgestellten Inhalte lebendig vermitteln, werden hier in gesonderten Unterkapiteln erläutert.

Für wen ist dieses Buch?

Es ist ein Buch für Führungskräfte und Mitarbeiter sowie für Trainer und Berater.

Für Führungskräfte und Mitarbeiter, weil die komplexen Anforderungen im Job viele Gesprächsanlässe nach sich ziehen: Mitarbeitergespräche, Zielvereinbarungsgespräche, Kritik- und Lobgespräche, Kunden-, Lieferanten- und Projektgespräche, Personaleinstellungs- und

Trennungsgespräche und schließlich die vielen Gespräche zwischen Tür und Angel, die „*... haben Sie mal eben fünf Minuten Zeit?*"-Gespräche. Und all diese verschiedenen Gesprächstypen sind von den Erfolgsfaktoren abhängig, mit denen ich Sie in diesem Buch vertraut machen möchte.

Für Trainer und Berater, weil Sie hier viele Anregungen für Ihr Gesprächsmanagement in der Seminar- und Beratungssituation finden. Und falls Sie dieses Thema in Ihr Produktportfolio aufnehmen wollen oder bereits aufgenommen haben, betrachten Sie dieses Buch einfach als kleines Schatzkästchen, von dem bereits viele Seminarteilnehmer profitiert haben. Da Sie außerdem die Hintergründe und Motive Ihrer Kunden erkennen müssen, um maßgeschneiderte Lösungen erarbeiten zu können – und auch um Ihre Vorschläge überzeugend vertreten zu können – finden Sie hier die notwendigen Erfolgs-Tools.

Wie nutzen Sie dieses Buch?

Sie können dieses Buch von vorne bis hinten ganz lesen – und haben dann sicher den größten Nutzen. Sie können einzelne Kapitel studieren und werden überrascht sein, wie viel Sie von dem Inhalt direkt umsetzen können. Für Schnellleser hält jeder Abschnitt **das Wichtigste in Kürze** für Sie bereit. Hier sind die Kernpunkte noch einmal auf den Punkt formuliert zusammengefasst. Sie können in den Unterkapiteln **FAQs** spezielle Fragen aufstöbern, z.B. „Was mache ich, wenn mein Gesprächspartner in einer Verhandlungssituation mauert" und lesen dann sehr konkrete Handlungsvorschläge, die Sie sofort ausprobieren können. Sie können außerdem für sich die Arbeitsaufgaben erarbeiten, die Ihnen in den einzelnen Kapiteln angeboten werden. Oder Sie nutzen die angebotenen **Checklisten** vor, während oder nach einer heiklen Gesprächssituation. Die Checks ermöglichen

VORWORT

Alle mit diesem Icon versehenen Checklisten des Buchs sind auch als Download verfügbar. Zugriff haben Sie über den Link in der Umschlagklappe des Buchs.

VORWORT

Ihnen den umgehenden Transfer in die Praxis. Als Trainer schließlich können Sie die in den **Trainings-Tipps** angebotenen Rollenspiele, Methoden und Übungen im Seminar selber durchführen und im Plenum von Ihren Teilnehmern reflektieren lassen.

Vor jedem Kapitel finden Sie eine kurze Übersicht:

- ▶ Darum geht's
- ▶ Das ist Ihr Nutzen
- ▶ Aufbau des Kapitels

Thema, Ziel und Nutzenangaben ermöglichen Ihnen eine zugespitzte Lektüre. Der Kapitelaufbau bietet Ihnen als kleine Inhaltsangabe des betreffenden Kapitels einen zeitsparenden Zugang zu den entsprechenden Inhalten.

Welchen Gewinn haben Sie von diesem Buch?

Dieses Buch macht Sie und Ihre Gesprächsführung erfolgreich. Ihre Gesprächsergebnisse und die Beziehungen zu Ihren Gesprächspartnern verbessern sich. Ihre Vorbereitung wird effizienter und Sie wundern sich, wie gut sogar die Gespräche werden, auf die Sie sich nicht vorbereiten konnten. Sie werden auffallen als ein angenehmer Gesprächsführer und Gesprächspartner – im Job und privat.

Ein besonderes Dankeschön für viele Impulse und für die Unterstützung bei diesem Buchprojekt geht an die Firma Neuland+Partner, an Renate Wehner und an Peter Kaptain.

Udo Kreggenfeld

Einleitung

Warum professionelle Gesprächsführung nötig ist

Viele Millionen Menschen verdienen ihr Geld in erster Linie damit, Gespräche zu führen. Und wer etwas hauptberuflich macht, ist ein Profi. Nun gibt es Fußball-Profis, IT-Profis, Management-Profis. Von Gesprächsführungs-Profis war bislang noch nicht die Rede. Das ist erstaunlich. Denn der Erfolg sowie die Motivation von Menschen und Organisationen ist letztlich abhängig von persönlichen Begegnungen und den Gesprächen zwischen zwei und mehr Menschen. Die Gesprächsergebnisse und die Beziehungen, die die Gesprächspartner in wenigen Minuten oder über mehrere Stunden hinweg etablieren, entscheiden darüber, wie sie von Menschen und am Markt wahrgenommen werden.

Und es ist keineswegs Zufall, bzw. nur von Ihrer Tagesform oder der Chemie zu Ihrem Gesprächspartner abhängig, ob

- ▶ diese Gespräche zu guten Ergebnissen und klaren Beziehungen – oder eher zu einer Entfremdung führen,
- ▶ Sie argumentativ überzeugen und die richtige Frage zur richtigen Zeit stellen – oder sich lediglich kraft Ihres Amtes durchsetzen,
- ▶ schwierige Gespräche der Beginn einer guten und belastbaren Beziehung werden – oder zu offener Feindschaft führen,
- ▶ Sie Ihre Mitarbeiter motivieren – oder in die innere Kündigung treiben,
- ▶ Ihr Chef Ihnen mehr Verantwortung überträgt – oder Ihren Kollegen.

EINLEITUNG

Verläuft ein Gespräch positiv, ist das eine Folge von bestimmten inneren Einstellungen und ganz bestimmten kommunikativen Kompetenzen. Die ausschlaggebenden Einstellungen und Kompetenzen finden Sie in diesem Buch verdichtet in den neun Erfolgsfaktoren der professionellen Gesprächsführung.

Und keine Sorge: Es geht nicht darum, zum aalglatten Rhetoriker zu werden, dessen Pokerface nicht mal mehr eine Vermutung zulässt, was er gerade denkt und fühlt. Niemand will Ihre Natürlichkeit über Bord werfen, sondern ganz im Gegenteil: Ich möchte Sie in allen Gesprächssituationen zu einer stimmigen Mischung aus Natürlichkeit und Professionalität ermutigen.

**Erfolgsfaktoren in der Gesprächsführung:
Natürlichkeit und Professionalität**

Möglicherweise denken Sie jetzt: „Das hört sich gut an. Aber was verbirgt sich dahinter und wie erreiche ich diese Zustände?" Für mich sind Natürlichkeit und Professionalität keine Zustände, die, einmal erreicht, nicht wieder verlassen werden, sondern vielmehr Zielgrößen. Zielgrößen, die ich anstrebe und in deren Richtung ich mich bewege.

Natürlichkeit heißt hier: Haben Sie den Mut, Sie selbst zu sein. So offen, so natürlich, wie es Ihrem Wesen entspricht und die Situation es zulässt. Viele Menschen verbringen mehr Zeit im Büro als mit der Familie. Sich da auf Dauer zu verstellen, ist a) unnötig anstrengend und geht b) irgendwann auf Kosten Ihrer Gesundheit. Kein Gespräch verläuft wie ein Computerprogramm und immer wieder müssen Sie mit spontan eintretenden Änderungen umgehen. Und wenn Sie da immer überlegen müssen, wie Sie jetzt reagieren sollen, verlieren Sie an Überzeugungskraft und verpassen das Wesentliche: die Reaktion im Moment.

Ihre Überzeugungskraft nimmt zu, wenn Ihr Gesprächspartner spürt, dass Sie hinter dem stehen, was Sie sagen: wenn Sie als Mensch rüberkommen, wenn Sie echt sind. Auf dieser Basis kann Vertrauen entstehen – und das ist ja bekanntlich der Anfang von allem.

Professionalität heißt hier: Ihrer Aufgabe im Unternehmen gerecht zu werden. Das schließt eine innere Haltung ein, die immer auf der Suche nach Verbesserung ist. Professionalität heißt auch, die Kompetenzen zu beherrschen, die Sie Ihren Beruf exzellent ausführen lassen. Zum Beispiel, indem Sie Ihre Gespräche so führen, dass Sie Inhalte und Beziehungen auf den Punkt bringen: Konsequent in der Sache – fair im Umgang.

Dabei helfen Ihnen zum einen die inneren Einstellungen: eine voll geladene innere Batterie, Echtheit, eine partnerschaftliche Haltung und Zielklarheit.

Zum anderen helfen Ihnen kommunikative Kompetenzen: Strukturieren und Transparenz schaffen, Zuhören und Fragen stellen, überzeugendes Argumentieren und die Fähigkeit, Störungen zu klären.

EINLEITUNG

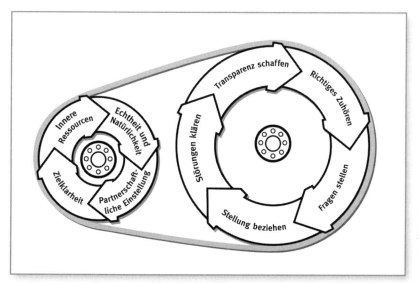

*Modell:
Erfolgsfaktoren
für dialogische
Gesprächsführung*

EINLEITUNG

In dem Schaubild sind die inneren Einstellungen dem kleinen Rad zugeordnet, die kommunikativen Kompetenzen dem großen. Und wie bei einem Motorrad ist es das kleine Rad, von dem das große angetrieben wird und von dem die eigentliche Kraft ausgeht: Die inneren Einstellungen unterstützen Sie darin, Ihre Kompetenzen und Ihr Wissen kraftvoll einzusetzen.

Professionalisieren Sie Ihre Dialog- und Gesprächsführungskompetenz. Machen Sie sich mit den Erfolgsfaktoren vertraut und probieren Sie sie aus. Die inneren Haltungen stehen im ersten Teil des Buches im Mittelpunkt, die kommunikativen Kompetenzen im zweiten Teil. Neudeutsch formuliert: Mit diesem Buch lernen Sie die Skills und Tools für eine gelingende und erfolgreiche Gesprächsführung.

Das soll den Transfer in Ihre Praxis erleichtern

In jedem der neun Kapitel hilft ein fiktives Gespräch zwischen zwei Personen, die Inhalte noch anschaulicher zu machen. Am Gesprächsverhalten der Führungskraft Claus Controlé und seines Mitarbeiters Siegfried Spieler werden wir unter der Überschrift **Rollenspiel** erarbeiten, welche Handlungsoptionen sich aus den Erfolgsfaktoren der Gesprächsführung ergeben.

Folgendes Szenario liegt diesem ganz normalen „Job-Gespräch" zu Grunde:

Claus Controlé ist 34 Jahre alt und Führungskraft in der Computerbranche. Er ist seit acht Monaten bei der Firma „TestIT" beschäftigt und leitet seitdem ein Team von zwölf Spezialisten, die alle die gleiche Aufgabe haben: Software testen, bevor sie auf den Markt kommt. Arbeitsergebnisse sind Testprotokolle, die dann an den Kunden weitergeleitet werden.

Ein Mitglied dieses Teams ist der 42-jährige **Siegfried Spieler**. Er seit drei Jahren mit dabei. Herr Spieler hatte sich seinerzeit selbst Hoffnungen auf die Abteilungsleitung gemacht und hat darüber hinaus private Sorgen, über die er bisher mit niemandem in der Firma geredet hat: Er hat sich mit geliehenem Geld an der Börse verspekuliert, ist jetzt hochverschuldet und steht kurz davor, sein frisch gebautes Eigenheim weit unter Wert veräußern zu müssen.

Siegfried Spieler war eine Woche krank und hatte zuletzt drei Protokolle fertig gestellt, zwei davon wurden vom Kunden reklamiert, Kollegen mussten sie neu überarbeiten. Was sie – freilich ohne jede Begeisterung – auch getan haben. Und auch das erste Protokoll nach seiner Rückkehr ist wieder zurückgekommen. Daraufhin bittet Claus Controlé Herrn Spieler zu einem Gespräch.

EINLEITUNG

**Für Trainer und Multiplikatoren:
Rollenspiele im Seminar**

Praktische Gesprächsübungen in Form von Rollenspielen sind die Highlights in jedem Training. Man sieht die persönlichen Stärken und Schwächen, das Gelernte muss sich beweisen – und einmal mehr machen alle die Erfahrung: Es gibt nichts Gutes – außer man tut es. In meinen Seminaren steht deshalb in jedem Morgen- und Nachmittagsmodul jeweils ein Rollenspiel auf dem Programm – mindestens. Die im Buch vorgestellten Erfolgsfaktoren müssen in den Rollenspielen jedesmal neu ihre Feuertaufe durchlaufen: Machen sie das Gespräch wirklich erfolgreich – oder fehlt da noch was?

In den Rollenspielen handelt es sich meistens um Vier-Augen-Gespräche, das bedeutet, Sie brauchen zwei Protagonisten: Eine Führungskraft und einen Mitarbeiter.

EINLEITUNG

Stellen Sie den Protagonisten jeweils einen Coach an die Seite, geben Sie zwei weiteren Beobachtungsaufträge (*„Sie achten bitte auf die Führungskraft – und Sie auf den Mitarbeiter – einverstanden?"*) – und damit sind sechs Menschen beschäftigt. Bei größeren Gruppen haben die Protagonisten jeweils zwei Coachs, mehrere Beobachter detaillierte Beobachtunsaufträge (*„Achten Sie bitte besonders auf die Fragetechnik und die Körpersprache."*). Zudem können Sie ein Reflecting-Team installieren. Das Reflecting-Team, zwei bis drei Leute, tauscht sich während eines Time-outs über das Verhalten der Protagonisten aus. Sie tun dies laut und verhalten sich so, als wären sie allein. Ziel der Beiträge des Reflecting-Teams ist es, den Protagonisten Hinweise zu geben, wie sie ihr Gesprächsverhalten optimieren können.

Im Unterschied zum wirklichen Leben haben Rollenspiele einen großen Vorteil: Sie können die Zeit anhalten. Hat also ein Protagonist oder ein Coach das Gefühl, dass das Gespräch in eine völlig falsche Richtung geht, kann er mit einem Time-out-Zeichen das Gespräch unterbrechen und sich kurz mit seinem Coach/Protagonisten beraten. Auch Sie als Trainer oder trainierende Führungskraft können diese Interventionsmöglichkeit nutzen.

Als Vorbereitungszeit reichen in der Regel zehn Minuten. Ich selbst bitte die Protagonisten, ihre Gesprächsziele auf einen Zettel zu schreiben und ihn mir zu geben: Die Zielerreichung ist immer ein Feedback-Kriterium.

Daneben liegt der Schwerpunkt des Feedbacks im Seminar auf den Themen, die gerade behandelt wurden – oder die als Nächstes behandelt werden. Wenn Sie als Trainer also gerade einen Kartenvortrag zum Thema Fragen gehalten haben, steht der Einsatz von diesem Steuerungsinstrument auf der Feedbackliste des nachfolgenden Rollenspiels ganz oben.

Pro Rollenspiel-Feedback sammeln wir drei bis fünf Big Points. Das sind zentrale Erkenntnisse und Lernchancen aus den praktischen Übungen, die dann in den folgenden Rollenspielen beachtet werden sollten. Zum Beispiel: *Mehr Blickkontakt halten, offene Fragen stellen, Qualität der Absprache überprüfen.* Bei der Arbeit mit mehreren Gruppen stellen sich die Gruppen gegenseitig ihre Big Points vor und erfahren so etwas über die Lernprozesse in den anderen Gruppen.

EINLEITUNG

Kernfragen beim Reflektieren der Rollenspiele:

- Ist das Ziel deutlich gemacht und verstanden worden?
- Haben die Gesprächspartner ihre Ziele erreicht?
- Sind die Gesprächspartner konstruktiv aufeinander zugegangen?
- Wie ist mit Meinungsverschiedenheiten umgegangen worden?
- Haben sich beide Partner die Zeit genommen, auftauchende Probleme und Fragestellungen hinreichend zu verstehen, bevor sie auf die Suche nach Lösungen gegangen sind?
- Haben sie darauf geachtet, Themen nicht zu vermischen?

In allen neun Kapiteln finden Sie unter der Überschrift Trainings-Tipps spezielle Übungen und Methoden, um die hier besprochenen Inhalte weiterzugeben.

Im Verlaufe des Buches werden anteilig häufiger Dialogszenen und Beispiele auftauchen, die zwischen zwei Männern stattfinden. Dies ist einfach nur ein Stilmittel, es hätten ebensogut auch Szenen zwischen zwei Frauen sein können. Direkt im Dialog zu sein ist ein äußerst wünschenswertes Ziel und daher auch keine Frage des Geschlechts.

Teil I:

Die innere Einstellung – Kraftvoller Antrieb für professionelle Gesprächsführung

1. Innere Ressourcen:
   Ihre emotionale Verfassung entscheidet 19

2. Echtheit und Natürlichkeit:
   Ihr Weg zu einer offenen Atmosphäre 35

3. Partnerschaftliche Einstellung:
   Mit Wertschätzung auf gleicher Augenhöhe 55

4. Zielklarheit:
   Wissen wohin – und wissen warum 77

Setzen Sie sich in den ersten vier Kapiteln mit der Einstellung auseinander, mit der Sie in ein Gespräch hineingehen und erfahren Sie:

▶ Wie Sie emotionale und mentale Kraft-Reserven aufbauen

▶ Warum Sie auf Dauer nur erfolgreich sind, wenn Sie sich so geben, wie Sie sind

▶ Wie Sie verhindern können, dass andere Menschen und andere Verhaltensweisen Sie zu schnell auf die Palme bringen

▶ Warum ein kraftvolles Ziel Ihnen viel Gesprächs- und Argumentationsarbeit abnimmt

1. Innere Ressourcen:
Ihre emotionale Verfassung entscheidet

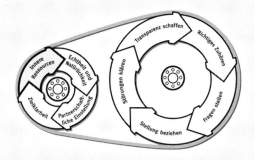

„Gleichgewicht halten ist die erfolgreichste Bewegung des Lebens."

Friedl Beutelrock

Darum geht's:

Ihre emotionale und mentale Verfassung hat einen entscheidenden Einfluss auf den Erfolg Ihrer Gesprächsführung. Deswegen steht als Erstes Ihre innere Batterie im Mittelpunkt. Und die ist bei allen Menschen in einem Zustand irgendwo zwischen voller Ladung und absoluter Erschöpfung. Volle Ladung, das bedeutet: Da sind viele „gute Gefühle" in Ihnen – absolute Erschöpfung: Da sind null „gute Gefühle". Was Sie tun können, um sich in einen guten Zustand zu bringen – das erarbeiten Sie sich auf den nächsten Seiten.

Das ist Ihr Nutzen:

▶ Sie bekommen Ideen, wie Sie sich vor einem Gespräch in einen guten inneren Zustand bringen und Kontakt zu Ihren inneren Ressourcen aufnehmen können.

▶ Sie wissen was Sie tun, wenn Sie den Kontakt zu Ihren inneren Ressourcen verloren haben.

▶ Sie sind sensibilisiert für die Bedeutung von innerer Gelassenheit und einem dicken Fell. In Zukunft werden Sie öfter in sich hineinhorchen und mitunter Gespräche vertagen, wenn ihr innerer Zustand ein konstruktives Gespräch nicht zulässt.

▶ Sie wissen, woran Sie erkennen, dass Ihr Gesprächspartner in einem unguten inneren Zustand ist, und auch, was Sie dann unternehmen können.

Aufbau des Kapitels:

1. Was Ihr Gefühlekonto mit Ihrem Girokonto gemeinsam hat 20
2. Wie „gute" Gefühle und wie „schlechte" Gefühle wirken 21
3. Wie Sie an „gute" Gefühle kommen 22
4. Wie Sie mit schweren Gefühlen umgehen können 24
5. Rollenspiel: Innere Ressourcen in der Praxis 26
6. FAQs zu Innere Ressourcen 27
7. Checkliste 29
8. Das Wichtigste in Kürze 31
9. Trainings-Tipps zu Innere Ressourcen 32

1. Was Ihr Gefühlekonto mit Ihrem Girokonto gemeinsam hat

Ihr Girokonto kennen Sie – aber was ist ein Gefühlekonto? Nehmen wir einmal an, Sie gehören zu den Glücklichen, deren Girokonto einen fünfstelligen Betrag auf der Haben-Seite ausweist: so um die 20.000 Euro. Und weil Sie sich beim Einparken auf die Börsennachrichten im Radio konzentriert haben, konnten Sie dem kleinen Betonsockel hinter Ihnen keine Aufmerksamkeit schenken. Das Geräusch des sich langsam eindrückenden Bodenblechs war hingegen nicht zu überhören. Jetzt haben nicht nur Ihre Aktien an Wert verloren – für die Reparatur Ihres Wagens müssen Sie auch noch mal 2.000 Euro locker machen. Bei Ihrem Kontostand dürfte Sie diese Ausgabe allerdings kaum in tiefere Depressionen führen. Denn Sie verfügen ja über genügend finanzielle Ressourcen.

Ausgang und Erfolg Ihrer Gespräche hängen von Ihrem Gefühle-Konto ab.

Ganz anders ist die Situation, wenn Sie Ihren Dispo bereits überzogen haben, Ihre Frau ein Sabbatjahr einlegen möchte und Ihr Chef Sie gestern durch die Blume aufgefordert hat, mal wieder die Stellenanzeigen in der FAZ zu lesen. Da sind die 2.000 Euro ein ganz schöner Brocken, der Sie durchaus ausgeprägt melancholisch werden lässt. Ihre finanziellen Ressourcen sind restlos aufgebraucht.

Bitte übertragen Sie dieses Bild einmal auf Ihren Gefühlshaushalt – die Währung heißt jetzt nicht mehr Euro, sondern Gefühle. Positive Gefühle addieren Sie auf der Haben-Seite – negative Gefühle sammeln Sie auf der Soll-Seite.

INNERE RESSOURCEN

Wie viele positive Gefühle stehen auf Ihrer Haben-Seite?

2. Wie „gute" Gefühle und wie „schlechte" Gefühle wirken*

Eine Reihe von guten Gefühlen und Erfahrungen verschafft uns Positiv-Ressourcen – oder auch einen dicken Überschuss auf der Haben-Seite des Gefühlekontos. Mehrere Enttäuschungen hintereinander machen uns reizbarer und gefühlsmäßig schwerer – und belasten unser Gefühlekonto schwer auf der Soll-Seite.

Ich denke, es ist unmittelbar einsichtig, dass ein satt volles Haben-Konto die Chancen für ein erfolgreiches Gespräch rapide verbessern. Weil gute Gefühle entspannen und uns gelassener und zufriedener machen, schaffen sie die besten Voraussetzungen für ein gelingendes Gespräch. Dann lassen wir uns leichter auf unser Gegenüber ein, sind weniger anfällig für Störungen und können uns voll auf die Situation konzentrieren.

Auf der anderen Seite ist ein mit schlechten Gefühlen überlastetes Soll-Konto eine tickende Zeitbombe. Da reicht manchmal ein falscher Blick unseres Gesprächspartners – und schon schlagen wir mit der verbalen Keule auf ihn ein.

Gute Gefühle machen uns gelassener und schaffen ein gutes Gesprächsklima.

* Psychologen würden wahrscheinlich sagen: Es gibt keine guten und schlechten Gefühle, sondern es gibt Gefühle, die wir leicht und gerne annehmen können, und Gefühle, bei denen es uns schwerfällt, sie anzunehmen. So gesehen meine ich hier mit guten Gefühlen solche, die mich nach meiner subjektiven Einschätzung in einer bestimmten Situation unterstützen – und mit schlechten solche, die mich eher schwächen bzw. nicht unterstützen.

INNERE RESSOURCEN

3. Wie Sie an „gute" Gefühle kommen

Die spannende Frage lautet jetzt natürlich: Was können Sie dafür tun, um rechtzeitig ein hinreichend positiv gefülltes Gefühlekonto zu erlangen? Damit meine ich nicht, schwierige persönliche Situationen zu übertünchen (vgl. Echtheit und Natürlichkeit, S. 35). Ich glaube auch nicht, dass Sie Ihren inneren Gefühlszustand auf die Minute genau programmieren können. Geschweige denn können Sie Ihnen genehme Gefühle bestellen wie eine Hose im Versandkatalog. Aber ein gutes Stück Verantwortung für Ihre Gefühle und für Ihren Zustand, das können Sie übernehmen.

Und hier hat jeder seine individuelle Strategie, der eine geht spazieren, der andere meditiert, ein Dritter spielt mit seinen Kindern.

▶ Was tun Sie, um sich vorbereitend auf ein Gespräch in einen guten Gefühls-Zustand zu bringen?

▶ Welches sind die Quellen Ihrer Positiv-Ressourcen?

Die innere Batterie aufladen:

- guter Selbst-Kontakt
- Sport
- positive Grundhaltung
- Humor
- wohlwollender Dialog
- Wertschätzung

Hier eine kleine Auswahl der Äußerungen, die in meinen Seminaren immer wieder gefallen sind:

▶ *„Ein guter Kontakt zu mir selbst – dann fühl' ich mich wohl in meiner Haut."*

▶ *„Ich gehe joggen und tue damit etwas für meine Gesundheit."*

▶ *„Ich habe mir eine grundsätzlich positive Lebenseinstellung angewöhnt und probiere in allem das Gute zu finden: lieber halb voll als halb leer."*

▶ *„Humor – auch mal über mich selbst lachen."*

- „Ich suche Kollegen auf, von denen ich weiß, dass sie mich unterstützen."

- „Manchmal reicht das Lächeln einer Kollegin."

- „Wertschätzung und Anerkennung für meine Arbeit in der Firma."

INNERE RESSOURCEN

Was kommt da von Ihrer Seite noch hinzu?

-**A**^{ktion}

....

....

....

Die beste Motivation und zwei der sichersten Gute-Gefühle-Lieferanten sind für viele eine intakte Beziehung und eine Vision für die Zukunft. Für andere die Aussicht, viel Geld zu verdienen und unabhängig zu sein.

Machen Sie es sich zu Ihrer Kreativ-Aufgabe, besonders vor schwierigen Gesprächen hinreichende Innere Ressourcen aufzubauen.

Kreativaufgabe:
Innere Ressourcen aufbauen, besonders vor schweren Gesprächen.

Folgende Fragen mögen Ihnen dabei helfen:

- Worüber sind Sie in Ihrem Leben am glücklichsten?
- Worauf sind Sie in Ihrem Leben zurzeit am meisten stolz?
- Worüber freuen Sie sich ganz besonders?

INNERE RESSOURCEN

4. Wie Sie mit schweren Gefühlen umgehen können

Eventuell merken Sie: Da ist gerade nichts mit guten Gefühlen. Dann schauen Sie: Was sind das für Gefühle, die es Ihnen gerade schwer machen? Seien Sie sich Ihres negativen Kontostands bewusst. Und schauen Sie auch, wo die schlechten Gefühle herkommen, damit Sie deren Quellen ausfindig machen und gegebenenfalls verringern können. Dieses *„Ich bin mir meiner Gefühle bewusst"* kann Sie davor bewahren, sich an Ihrem Gesprächspartner abzureagieren oder ihn für Ihre momentane Miesepetrigkeit verantwortlich zu machen.

Typische Schwermacher

Typische „Schwermacher" sind bei den meisten von uns:

▶ Wenn etwas misslingt

▶ Angst vor Fehlern

▶ Zu viele Aufgaben in zu wenig Zeit

▶ Mangelnde Wertschätzung für gute Arbeit – von uns selbst und von anderen

▶ Arrogante Gesprächspartner

▶ Mangelndes Vertrauen in die eigenen Fähigkeiten

▶ Angst, vor vielen Leuten seine Position zu vertreten

▶ Diffuse ungute Bauchgefühle

Aktion — Was kommt da von Ihrer Seite noch hinzu?

....

....

....

Und wie gehen Sie damit um? Die Vogel-Strauß-Methode funktioniert erfahrungsgemäß nur kurzfristig. Häufig ist das Akzeptieren dieser Gefühle schon der erste Schritt – und diesen Aspekt vertiefen wir im Abschnitt Echtheit und Natürlichkeit, S. 35, Gespräche mit guten Freunden vielleicht der zweite, und wahrscheinlich haben Sie dabei Ihre persönliche Strategie.

INNERE RESSOURCEN

Mein Tipp: Gestehen Sie es sich ein, wenn Sie schlecht drauf sind – gehen Sie nicht dagegen an. Nehmen Sie Papier und Bleistift und schreiben Sie die Punkte auf, die Ihnen Sorgen bereiten, und notieren Sie auch, wann Sie sich darum kümmern wollen. Das können Sie übrigens auch tun, wenn Ihnen so viele Gedanken durch den Kopf gehen, dass es Ihnen schwerfällt, sich auf das aktuelle Gesprächsthema zu konzentrieren. So räumen Sie Ihren „Arbeitsspeicher" auf und können sich leichter auf Ihren Gesprächspartner einstellen.

„Sorgenkinder" notieren und auch, wann Sie sich drum kümmern werden.

Nicht alle schweren Gefühle lassen sich so leicht bearbeiten, bei dauerhaften Themen hilft wahrscheinlich nur eine professionelle Beratung.

Bitte vergessen Sie nicht: Man kann Gespräche auch absagen, vertagen und auch um eine halbe Stunde oder mehrere Stunden verschieben. Möglicherweise können Sie einen vertrauten Kollegen bitten, Sie in dem anstehenden Gespräch zu unterstützen und/oder die Gesprächsleitung zu übernehmen.

Wenn nichts mehr hilft: Gespräche kann man auch absagen oder verschieben.

INNERE RESSOURCEN

5. Rollenspiel: Innere Ressourcen in der Praxis

(Die Beschreibung des Eingangsszenarios zu diesem Rollenspiel finden Sie auf Seite 14)

Die Gefühlskonten von Claus Controlé und Siegfried Spieler sehen mit einer hohen Wahrscheinlichkeit sehr unterschiedlich aus:

Herr Spieler ist hoch verschuldet, sein Eigenheim steht auf dem Spiel, er war krank und seine Arbeit wird von den Kunden reklamiert. Da kommt eine beachtliche Summe von schlechten Gefühlen zusammen, das Soll-Konto ist prall gefüllt.

Von Claus Controlé wissen wir im Grunde nur, dass er seine Position als Führungskraft im Unternehmen TestIT seit acht Monaten innehat. Die fehlerhaften Protokolle Spielers werden auch ihm etwas ausmachen – wenngleich wir vermuten dürfen, dass sein Gute-Gefühle-Konto das ausgleicht. Controlé ist der Gesprächspartner mit den größeren positiven Ressourcen.

Was die beiden im Vorfeld des anberaumten Gesprächs unternehmen, um ihr Gute-Gefühle-Konto zu optimieren – das wäre reine Spekulation. Vielleicht war Herr Controlé morgens bereits im Park joggen. Möglicherweise hat Herr Spieler vor dem Gespräch in der Kantine mit einer vertrauten Kollegin ein paar Worte gewechselt, und sie hat ihm etwas Mut zugesprochen ...

Nutzen Sie doch die Gelegenheit für einen kleinen Selbstcheck, indem Sie die Checkliste auf der Seite 29 durchgehen und schriftlich beantworten.

6. FAQs zu Innere Ressourcen

Was kann ich tun, wenn es mir einfach nicht gelingt, in Kontakt mit positiven Ressourcen zu kommen?

INNERE RESSOURCEN

- ▶ Gestehen Sie es sich ein. Und wenn die Situation es zulässt, schadet es auch nicht, ein ehrliches Wort an Ihren Gesprächspartner zu richten: „Sorry, aber wenn ich zwischendurch ein wenig fahrig wirke, liegt das einfach daran, dass ich ein wenig durch den Wind bin – weil wir grade im Jahresendgeschäft so viel zu tun haben, dass ich eigentlich an drei Orten gleichzeitig sein müsste."

- ▶ Denken Sie an den nächsten oder an den letzten Urlaub. Wenn möglich schauen Sie sich ein paar Fotos an.

- ▶ Schauen Sie sich ein Bild Ihrer Liebsten, Ihres Liebsten, Ihrer Familie an.

- ▶ Es gibt viele gute Ratgeber-Bücher. Gehen Sie doch mal im Buchladen vorbei.

- ▶ Lassen Sie das Gespräch von einem Kollegen führen – wenn die Umstände es zulassen.

- ▶ Machen Sie eine neue Erfahrung und beobachten Sie sich in diesem Zustand.

- ▶ Thich Nhat Hanh (siehe Lit.-Liste), ein vietnamesischer Zen-Mönch, hat wunderbare Meditationen entwickelt, die helfen, wieder in die Gegenwart zu kommen, innere Ruhe zu entwickeln und die Dinge gelassener zu sehen. Im Zentrum steht die Konzentration auf den Atem, wobei folgende Sätze unterstützen:
  „Einatmend weiß ich, dass ich einatme.
  Ausatmend weiß ich, dass ich ausatme.
  Einatmend wird mein Atem tief.
  Ausatmend wird mein Atem langsam.
  Einatmend lächle ich meinem Körper zu.
  Ausatmend entspanne ich meinen Körper. (…)"

INNERE RESSOURCEN

Was mache ich, wenn ich den Eindruck habe, dass mein Gegenüber massiv unter Spannung steht und auch überhaupt kein Interesse an positiven Gefühlen zeigt – weder bei sich, noch bei mir selbst?

▶ Bleiben Sie bei sich und atmen Sie erst einmal durch.

▶ Woran erkennen Sie das? Möglich wäre:
  - fahriger Blick
  - ständiges Schauen auf die Uhr
  - Sie haben schon mitgekriegt, da folgt ein schwieriger Termin
  - sehr gereizter Ton beim Umgang mit Kollegen

▶ Überprüfen Sie Ihre Wahrnehmung: *„Scheint grad' ganz schön was los zu sein bei Ihnen?"*

▶ Haben Sie Verständnis. Helfen Sie ihm, Kontakt zu seinen Ressourcen zu bekommen. Versuchen Sie unbedingt, eine Ansteckung Ihrerseits zu vermeiden. Nur mit hinreichenden Positiv-Ressourcen können Sie gut mit Menschen ohne Ressourcen umgehen.

▶ Unter Umständen hilft es, wenn Sie ihm helfen, Dampf abzulassen: *„Erzählen Sie mal, was ist denn alles schiefgelaufen ..."*.

▶ Und: Gehen Sie großzügig mit Lob und Anerkennung um – aber nicht grundlos. Schauen Sie, wie Sie Ihre Wertschätzung ausdrücken können: Halten Sie Blickkontakt, hören Sie dem anderen zu. Loben Sie, wenn etwas gelingt und Sie gute Vorschläge bekommen.

▶ Lesen Sie die Abschnitte Partnerschaftliche Einstellung, S. 55 und Störungen klären, S. 211.

Und wenn es zu emotional wird?

▶ Machen Sie deutlich, dass Ihnen an einer sachlichen und wertschätzenden Kommunikation gelegen ist. Ziehen Sie Grenzen: *„Das wird mir jetzt zu persönlich."* Auch hier gilt: Gespräche kann man vertagen.

7. Checkliste

▶ Auf einer Skala von 1 (wenig gute Gefühle) bis 10 (viele gute Gefühle), wie voll ist Ihr Positiv-Konto?

1 ○ ○ ○ ○ ○ ○ ○ ○ 10

▶ Was haben Sie in der letzten Zeit unternommen, um in einem guten Gesamtzustand zu sein?

1. ....

2. ....

3. ....

▶ Was können Sie vor einem schwierigen Gespräch tun, um Spannung abzubauen?

....

....

▶ Wem wollen Sie was sagen, um wieder mehr ins Gleichgewicht zu kommen?

....

....

Die folgenden Fragen können Ihnen helfen, Ihr positives Ressourcen-Konto zu füllen:

▶ Worüber sind Sie in Ihrem Leben am meisten dankbar?

....

....

▶ Worauf sind Sie stolz?

....

....

▶ Was genießen Sie zurzeit am meisten?

....

....

▶ Was wollen Sie tun, um eine für Sie stimmige Balance zwischen Beruf und Privatleben, Beziehungen und Freundschaften auszubauen?

....

....

Das alles geht natürlich nicht von heute auf morgen – aber denken Sie dran: Auch die längste Reise beginnt mit einem ersten Schritt.

8. Das Wichtigste in Kürze

▶ Der Ausgang und der Erfolg eines Gesprächs ist erheblich von Ihren Inneren Ressourcen, von Ihrem Gefühle-Konto abhängig. Steht es im Soll oder steht es im Haben?

▶ Seien Sie sich Ihres Kontostands bewusst und übernehmen Sie dafür Verantwortung, zum Beispiel, indem Sie vor einem Gespräch notieren, was Ihnen zur Zeit „auf den Geist geht" oder Sorgen bereitet. Das kann Sie davor bewahren, sich an Ihrem Gesprächspartner abzureagieren.

▶ Sie können die Verantwortung für Ihren inneren Zustand übernehmen und Ihre innere Batterie bewusst mit guten Gefühlen und Erfahrungen aufladen, indem Sie regelmäßig Dinge tun, die Ihnen gut tun – und sich Wege überlegen, gut mit den unangenehmen Gefühlen umzugehen, auf dass sie weniger werden. Und oft ist die Akzeptanz dieser Gefühle schon der erste Schritt.

▶ Lassen Sie Ihre Umwelt von Ihrem vollen Ressourcen-Konto profitieren und unterstützen Sie andere, auch in gute Zustände zu kommen. Zum Beispiel, indem Sie Ihre Wertschätzung und Akzeptanz ausdrücken. Was Sie dazu sonst noch unternehmen können? Schauen Sie doch mal in die Abschnitte Richtiges Zuhören, S. 121 und Fragen stellen, S. 143.

INNERE RESSOURCEN

INNERE RESSOURCEN

9. Trainings-Tipps zu Innere Ressourcen

Beginnen Sie mit dem Vergleich Girokonto – Gefühlekonto. Erzählen Sie die Geschichte von S. 20 oder erfinden Sie eine eigene. Der Vergleich Girokonto – Gefühlekonto wird noch anschaulicher, wenn Sie die guten Gefühle mir grünen Holz-/Plastikchips und die schlechten Gefühle mit roten Holz-/Plastikchips symbolisieren.

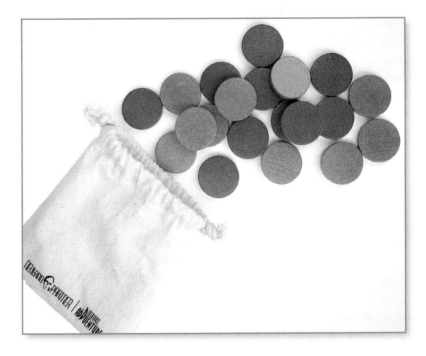

„Was macht gute Gefühle – was macht schlechte Gefühle?" Sammeln Sie die Antworten auf diese Frage und bringen Sie sich selbst mit ein.
(Gesamtdauer: 10 Min.)

Sie können die Analogie Girokonto – Gefühlekonto verankern, indem Sie Ihre Mitarbeiter/Teilnehmer bitten, mit den roten und grünen Chips ihren momentanen Gefühlskontostand zu veranschaulichen. Und ohne Zwang zum Seelenstriptease erzählen alle einen oder zwei Sätze zu ihren Kontoständen.

Jetzt kann jeder für sich überlegen, was er tun kann, um vor einem Gespräch das Grün-Konto zu erhöhen und den Rot-Saldo zu minimieren und sich vor weiterem Rot-Zugang zu schützen. Natürlich können Sie das auch im Plenum unternehmen.
(Gesamtdauer: 10 Min.)

INNERE RESSOURCEN

Die grünen und die roten Chips können Sie auch später einsetzen. Zum Beispiel, um in einer Rollenspiel-Reflexion wertschätzende Äußerungen (grüner Chip) oder kritische Kommentare (roter Chip) zu symbolisieren. Hinweise zur Einleitung und Durchführung von Rollenspielen inkl. Kernfragen zur Reflexion finden Sie in der Einleitung auf Seite 15 ff.
(Dauer: 40 Min.; Rollenspiel 10 min, Reflexion 30 Min.)

Schließen Sie mit Das Wichtigste in Kürze, S. 31.

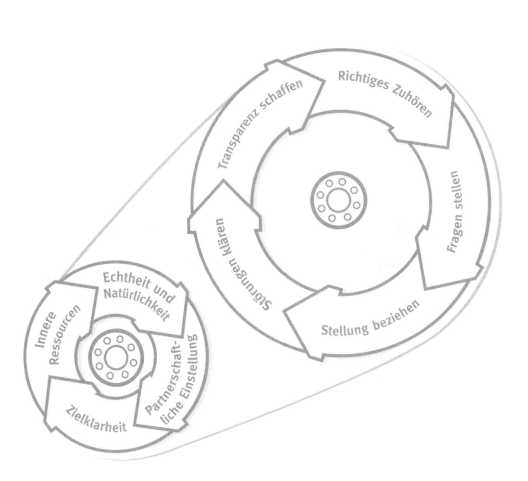

2. Echtheit und Natürlichkeit: Ihr Weg zu einer offenen Atmosphäre

> *„Echtheit und Natürlichkeit sind wie ein Regen – jeder hat Angst nass zu werden, freut sich aber hinterher über die klare, reine Atmosphäre."*
>
> Quelle unbekannt

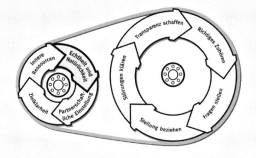

Darum geht's:

Um es gleich vorweg zu sagen: In diesem Kapitel möchte ich Ihre Aufmerksamkeit hinter Ihre professionelle Rolle, auf Ihre eigene Wahrnehmung, Ihre Gefühle und Ihre Gedanken richten. Und ich möchte Sie ermutigen, mit dieser „inneren Wahrheit" an passender Stelle in die Kommunikation zu gehen.

Das ist Ihr Nutzen:

▶ Sie finden die für Sie stimmige Balance zwischen Natürlichkeit und Professionalität.

▶ Sie reflektieren darüber, wie Sie sich bisher in Gesprächen präsentieren – wie offen zeigen Sie sich und wo halten Sie sich zurück?

▶ Sie setzen sich mit gesprächstaktischem Verhalten auseinander.

▶ Sie nutzen Ihre persönliche Ausstrahlung, um weniger Argumentationsarbeit leisten zu müssen.

▶ Sie erkennen, dass es sich lohnt, den ersten Schritt hin zu einer offeneren Atmosphäre zu tun.

Aufbau des Kapitels:

1. Echtheit in zwei Beispielen 36
2. Wie viel Echtheit wollen Sie zulassen? 40
3. Echtheit und Professionalität 42
4. Rollenspiel: Echtheit und Natürlichkeit in der Praxis 45
5. FAQs zu Echtheit und Natürlichkeit 48
6. Checkliste 51
7. Das Wichtigste in Kürze 53
8. Trainings-Tipps zu Echtheit und Natürlichkeit 54

1. Echtheit in zwei Beispielen

Beispiel 1:

Lars Leiter ist seit nunmehr 8 Monaten Führungskraft eines Projektteams. Irgendwann hat Herr Leiter einmal aufgeschnappt, als Führungskraft müsse er immer schnelle Lösungen parat haben und dürfe niemals zeigen, an manchen Stellen auch nicht mehr weiter zu wissen. Lars Leiter hat diese beiden Sätze in sein Wertesystem übernommen, sie werden für ihn handlungsleitend. Wenn nun sein Mitarbeiter Lothar Lau ein Problem schildert, für das Herr Leiter keine Lösungsidee hat, gehen bei ihm sofort die Alarmlampen an und er denkt:

„Oh je, das darf ich unter keinen Umständen zugeben!"

Er konstruiert eine schlechte Scheinlösung und geht mitunter auch noch rüde mit seinem Mitarbeiter um. Wirklich gut fühlt er sich nicht dabei und denkt im Stillen:

> „Verdammt. Eigentlich hätte ich sagen müssen, dass ich auch nicht weiter weiß, aber das kann ich ja nicht machen".

Er hat sich hinter seine professionelle Fassade zurückgezogen. Warum eigentlich?

Authentisch und wahrscheinlich wesentlich überzeugender wäre gewesen:

> „Tut mir Leid, lieber Herr Lau. An der Stelle weiß ich im Moment auch noch nicht, was wir da tun können. Ich muss mir das noch einmal in Ruhe durch den Kopf gehen lassen und auch noch einige Informationen einholen. Bitte machen Sie das Gleiche. Morgen um 16:00 Uhr setzen wir uns zu diesem Thema dann wieder zusammen."

Oder aber – wenn das Problem nicht verschoben werden kann:

> „Sorry, lieber Kollege. An der Stelle weiß ich im Moment auch nicht, was wir da tun können. Lassen Sie uns doch jetzt mal gemeinsam überlegen, wer uns da weiterhelfen könnte und wie wir mit der Situation umgehen."

In diesem Falle spricht er das aus, was er denkt und fühlt – er handelt in Übereinstimmung mit seiner inneren Wahrheit. Das vormals ungeprüft übernommene Konzept, immer schnelle Lösungen parat haben zu müssen, hat seine Wirksamkeit verloren.

ECHTHEIT UND NATÜRLICHKEIT

Echtheit kann bedeuten: Zugeben, im Moment keine Lösung parat zu haben.

ECHTHEIT UND NATÜRLICHKEIT

Beispiel 2:

Lars Leiter hat mit seinem Mitarbeiter Lothar Lau einen Termin verabredet, zu dem dieser 15 Minuten zu spät erscheint. Während dieser 15 Minuten merkt Lars Leiter zwar vage, dass er innerlich in Wallung kommt, schenkt dem aber keine Aufmerksamkeit. Als er später das Gespräch noch einmal Revue passieren lässt, fällt ihm auf, dass er Lothar Lau wiederholt recht schroff ins Wort gefallen ist. Das wundert ihn sehr, zumal der Satz *„Sei immer freundlich zu deinen Mitarbeitern"* Teil seines Führungsverständnisses ist.

Echtheit kann bedeuten: Innere Spannung als Ärger identifizieren und artikulieren.

Echt und natürlich zu sein erfordert es manchmal, einen Moment innezuhalten und genauer in sich hineinzuhören nach dem Motto: Wie geht es mir eigentlich gerade – eher wohl oder eher unwohl? Unter Umständen hätte Lars Leiter dann bemerkt, dass er wegen der Verspätung richtiggehend sauer auf Lothar Lau war.

Ein Satz wie ...

> *„Hallo Herr Lau – was war denn los? Wir waren doch um 16:00 Uhr verabredet. Ich bin in der letzten Viertelstunde richtig in Stress gekommen, weil meine Anschlusstermine jetzt so eng werden. Und es ist mir wichtig, dass wir unsere Terminabsprachen tatsächlich einhalten."*

... wäre in dieser Situation echt und konstruktiv gewesen. Weil er widerspiegelt, wie es Herrn Leiter tatsächlich geht, und weil er deutlich macht, wie er sich die Termineinhaltung künftig wünscht. Das ist konstruktiv.

Echt zu sein ist zwar nicht immer leicht und schön. Viel unschöner ist es hingegen, wenn sich der Ärger anstaut und sich dann an anderer und möglicherweise unpassender Stelle für den anderen unverständlich entlädt. Das nämlich wäre destruktiv.

Echtheit in der Gesprächsführung meint nicht, Firmenpolitik und Abhängigkeitsverhältnisse zu ignorieren und ab heute frei drauflos zu plappern. Denn nicht immer ist es günstig, die eigenen Gefühle, zu denen auch Ärger oder Zorn gehören, anzusprechen. Günstig ist es aber unbedingt, diese Gefühle wahrzunehmen, die innere Spannung – oder auch die Freude – zu erkennen, denn dann haben Sie einen guten Kontakt zu sich selbst. Anschließend können Sie immer noch überlegen, ob Sie – um im Beispiel zu bleiben – Ihren Ärger ansprechen oder ihn für sich behalten und sich innerlich von ihm verabschieden. Oder ob Sie ihn an späterer und vielleicht passenderer Stelle ausdrücken.

Es gehört auch zur Echtheit, positive Gefühle wahrzunehmen und auszudrücken. Freuen Sie sich als Vorgesetzter darüber, wie schnell sich ein neuer Mitarbeiter in der Firma zurechtfindet, und sagen Sie es ihm. Und wenn Sie als Mitarbeiter von Ihrem Chef angetan sind, schadet es nicht, auch dies zu verbalisieren.

Bis hierher haben Sie vier Echtheits-Beispiele kennengelernt:

▶ Zugeben, im Moment keine Lösung parat zu haben

▶ Innere Spannung als Ärger identifizieren und artikulieren

▶ Innere Spannung als Ärger identifizieren, es dabei belassen und dennoch guten Selbstkontakt zu haben

▶ Anerkennung wahrnehmen und ausdrücken

Echtheit in der Gesprächsführung meint also vor allem einen guten Selbstkontakt: Wahrnehmen und annehmen, was Sie in der jeweiligen Situation empfinden. Der zweite Schritt ist die Suche nach dem Verhalten, das der jeweiligen Situation am ehesten gerecht wird. Denn zu sagen

ECHTHEIT UND NATÜRLICHKEIT

Wägen Sie ab: Es ist nicht immer günstig, die eigenen Gefühle anzusprechen.

Echtheit bedeutet: Guter Selbstkontakt. Wahrnehmen und annehmen, was Sie gerade empfinden.

ECHTHEIT UND NATÜRLICHKEIT

und zu zeigen, was Ihnen durch den Kopf geht und was Ihnen auf dem Herzen liegt, ist dann immer wieder eine besondere Herausforderung. Und von einigen Faktoren abhängig:

▸ Wie geht es Ihnen mit der Vorstellung, Ihre Wahrnehmung zu artikulieren? Ist das eher befreiend – oder eher beängstigend?

▸ Gelingt es Ihnen, Ihre Wahrnehmung konstruktiv anzusprechen, oder sind Sie – bei vermeintlich schwierigen Themen – so geladen, dass Sie die verbale Keule rausholen und es eher destruktiv wird?

Beantworten Sie beide Fragen mit der ersten Option (eher befreiend und eher konstruktiv), ist Ihre innere Ampel auf grün gestellt. Und wenn Sie bei der ersten Frage noch zögern, schauen Sie doch einmal, welche Bedingungen Sie bräuchten, um Ihre Wahrnehmungen offener artikulieren zu können.

Kurzcheck bei Störungen:

- Kann ich meine Wahrnehmung jetzt artikulieren oder nicht?

- Schaffe ich es, die Wahrnehmung konstruktiv anzusprechen oder nicht?

2. Wie viel Echtheit wollen Sie zulassen?

Im ersten Beispiel dieses Kapitels haben wir gesehen, wie negativ sich ein Glaubenssatz wie „Als Führungskraft muss ich immer schnelle Lösungen parat haben und darf niemals zugeben, dass ich an bestimmten Stellen nicht mehr weiter weiß ..." auswirken kann. Zu mächtig steht er dem Zugang zur eigenen Echtheit im Weg.

Nehmen Sie sich doch jetzt einmal Zeit und überlegen Sie sich:

ECHTHEIT UND NATÜRLICHKEIT

-A^{ktion}

1. Welches Selbstbild (Glaubenssätze, innere Überzeugungen, Selbst-Konzepte) haben Sie von sich als Führungskraft, Mitarbeiter, Selbstständiger, Trainer?

   ....

   ....

2. Welche Werte (zum Beispiel Ehrlichkeit oder Pünktlichkeit) sind Ihnen im Job am wichtigsten?

   ....

   ....

3. Müssen Sie in Ihrem Job ...

   ❏ a) immer perfekt sein oder
   ❏ b) reichen manchmal auch 80 Prozent?

4. Sollen die anderen ...

   ❏ a) eigentlich denken, dass es Ihnen immer gut geht, oder
   ❏ b) dürfen die auch mitkriegen, wenn es Ihnen einmal nicht so gut geht und Sie wegen einer bestimmten Angelegenheit besorgt sind?

5. Müssen Sie ...

   ❏ a) immer für alles sofort eine Lösung parat haben oder
   ❏ b) dürfen Sie auch einmal fünf Minuten überlegen?

ECHTHEIT UND NATÜRLICHKEIT

6. Sind Sie …

❑ a) für eine strikte Trennung von Berufs- und Privatleben oder
❑ b) darf es da auch einmal Überschneidungen geben?

Je mehr Toleranz aus den Antworten der ersten beiden Fragen spricht und je öfter Sie die Fragen drei bis sechs mit b) beantworten, desto höher ist die Wahrscheinlichkeit, dass Sie auf andere eher gelassen und natürlich wirken. Je weniger Sie sich erlauben, umso strenger und möglicherweise auch fassadenhafter erscheinen Sie. Sind Sie mit Ihrem Ergebnis einverstanden?

Sehen Sie sich doch einmal in Ihrem privaten und beruflichen Umfeld um. Gibt es da Menschen, von denen Sie den Eindruck haben, dass sie in einem guten Sinne echt und in dem, was sie tun, erfolgreich sind? Und wenn ja, woran machen Sie das fest?

....

....

....

....

....

3. Echtheit und Professionalität

Ich weiß nicht, welche Erfahrungen Sie gemacht haben. Aber vielleicht kennen Sie die befreiende Wirkung einer Aussprache mit einem Kollegen, dem Chef oder einem Mitarbeiter, die sie lange Zeit vor sich hergeschoben haben? Das ist ein Beispiel für Echtheit.

ECHTHEIT UND NATÜRLICHKEIT

Die Indianer sagen dazu: von Herzen sprechen. Für viele Berufe und Aufgaben – und immer dann, wenn andere Menschen überzeugt werden sollen – ist Echtheit der Erfolgsfaktor schlechthin. Denken Sie nur einmal an Thomas Gottschalk. Er ist der einzige TV-Entertainer, der in seiner aktiven Zeit eine durchschnittliche Quote von 15 Millionen Zuschauern erreichte. Das hat sonst niemand geschafft. Wie macht er das? Er redet einfach ungezwungen und frei von der Leber weg – so, wie ihm der Schnabel gewachsen ist – mit Normalsterblichen ebenso wie mit Prominenten. Sein Erfolgsrezept heißt Echtheit. Und er sagt von sich selbst: „Ich mag Menschen." Das bringt er authentisch rüber.

Echt zu sein im Umgang miteinander ist schon im Privatleben nicht immer leicht. Im Job ist das noch ein wenig schwieriger. Da gibt es die Angst vor Sanktionen, das „Politische" und die Frage, wie viel dem Kunden zugemutet werden kann. Hin und wieder mag es okay sein, die eigene Meinung zurückzustellen und um des lieben Friedens oder des Geschäfts willen zu schweigen. Generell jedoch glaube ich:

Sie können auf Dauer nur erfolgreich sein, wenn Sie sich so geben, wie Sie sind.

Echtheit ist einer der zentralen Erfolgsfaktoren in der Gesprächsführung. Sie wirken eben dann am überzeugendsten, wenn Ihr Gegenüber spürt, dass Sie hinter dem stehen, was Sie sagen – und wenn Sie als Mensch rüberkommen. Das schafft Vertrauen.

Echtheit, der zentrale Erfolgsfaktor:
Wir wirken dann am überzeugendsten, wenn wir uns so geben, wie wir sind.

Durch Gesprächstaktik und -strategien geht bei den weitaus meisten Gesprächssituationen soviel an Natürlichkeit verloren, dass unser Gegenüber sich unwohl fühlt und froh ist, nach unserem Abgang wieder frei durchatmen zu können.

ECHTHEIT UND NATÜRLICHKEIT

Die im Beruf stimmige Echtheit zu finden, kann ein langer Prozess sein, der freilich sehr lohnend ist. Denn der Gegenpol zur stimmigen Echtheit ist das fassadenhafte Taktieren.

Echtheit im Job: Die eigene Wahrnehmung konstruktiv einbringen – stimmig für Sie und Ihren Gesprächspartner.

Echtheit im Job, das meint nicht einen filterlosen Seelenstriptease, sondern das konstruktive Einbringen dessen, was Ihnen durch den Kopf geht und was Ihnen auf dem Herzen liegt. Konstruktiv ist es dann, wenn es Ihrer jeweiligen Rolle, dem Thema und dem Ziel, das Sie sich vorgenommen haben, sowie Ihrem Gesprächspartner und der Beziehung zu ihm gerecht wird – wenn es stimmig ist. Und diese Stimmigkeit muss letztlich jeder für sich in seiner Situation selbst definieren. Dann sind Sie in einer guten Balance zwischen Echtheit und Professionalität. Dann füllen Sie Ihre Rolle in Kontakt mit sich selbst so aus, dass Sie sich selbst und Ihrem Unternehmen gerecht werden.

Meine Empfehlung dabei: Gehen Sie ruhig einen Schritt weiter – und zeigen Sie sich. Setzen Sie Zeichen. Ich möchte Sie ermutigen, Lob und Anerkennung ebenso anzusprechen wie Schwierigkeiten und Ärgernisse. Und wenn Sie merken, dass Sie auf Grund Ihrer Rolle Befindlichkeiten in sich spüren, sprechen Sie auch diese an. Dann sind Sie es, der mit der Echtheit und Offenheit anfängt – und als Führungskraft steht Ihnen diese Form von „Leadership" nebenbei gut zu Gesicht.

4. Rollenspiel:
Echtheit und Natürlichkeit in der Praxis

ECHTHEIT UND
NATÜRLICHKEIT

(Die Beschreibung des Eingangsszenarios zu diesem Rollenspiel finden Sie auf Seite 14)

Claus Controlé ist eine junge Führungskraft und mit einer Betriebszugehörigkeit von acht Monaten relativ neu im Unternehmen. Obwohl bisher alles gut geklappt hat, ist er innerlich noch sehr darauf bedacht, an seinem guten Ruf zu bauen. Letztlich steht Herr Controlé für eine Null-Reklamationsquote gerade – und ist deswegen in Sorge, dass die Versäumnisse Spielers auf ihn zurückfallen.

Die Situation, eine starke Veränderung in den Arbeitsergebnissen eines bewährten Mitarbeiters ansprechen zu müssen, ist auch neu für ihn. Er möchte Herrn Spieler unterstützen und keine Sündenbock-Suche betreiben. Aber: Mit Blick auf die Zukunft möchte er Störungen, so weit es geht, verhindern. Eine „echte" Äußerung von Controlé könnte so aussehen:

„Wie ich ja gestern schon gesagt hatte, gab es in der letzten Zeit wiederholt Reklamationen bei den Protokollen – leider bei Ihren Protokollen – und ich frage mich, wie es dazu kommt, zumal das meines Wissens früher nie passiert ist, und was wir tun können, um diese Quote zu verringern.

Dann möchte ich noch eine Sache vorneweg sagen – mir kommt's überhaupt nicht darauf an, irgend jemanden zum Sündenbock zu stempeln. Mir liegt viel an der Zusammenarbeit mit Ihnen und ich bitte Sie: Lassen Sie uns offen über die Situation reden, damit wir mit Blick auf die Zukunft Störungen, so weit es geht, verhindern können.

Rollenspiel

ECHTHEIT UND NATÜRLICHKEIT

Das ist auch wichtig für mich, weil ich ja letztlich für die Reklamationsquote geradestehe. Und weil ich recht neu in der Firma bin, stehe ich sicher unter stärkerer Beobachtung, als andere alte Hasen. Kurz und gut: Ich möchte den anderen keine Angriffsfläche an unserer Arbeit bieten."

Die Situation von Herrn Spieler ist ein wenig brenzliger: akute Geldprobleme, Sorge ums Eigenheim, verletzte Eitelkeit wegen der ausgebliebenen Beförderung – und jetzt auch noch Ärger wegen der Protokolle. Zunächst will er sich vergewissern, ob er die fehlerhaften Protokolle tatsächlich zu verantworten hat. Wenn nein: Glück gehabt. Wenn ja, will er seine Ehrlichkeit vom Verhalten Controlés abhängig machen. Schafft der es, unter anderem durch Vorleben der eigenen Echtheit, eine vertrauensvolle Beziehung aufzubauen? Wenn das geschieht, will Spieler sich outen.

Wie weit dieses „outen" geht, hängt sehr stark vom Vertrauen ab. Das Spektrum reicht von „Dissonanzen im privaten Bereich" bis zu „Offenlegen der gesamten Situation". Von seiner Enttäuschung, nicht selbst Abteilungsleiter zu sein, will er in diesem Gespräch nicht reden.

Unabhängig davon ist es ihm sehr unangenehm, dass er in fehlerhafte Protokolle verwickelt ist, das trifft ihn durchaus in seiner Berufsehre. Aus Sorge vor weiteren Baustellen in seinem Leben will Herr Spieler nichts unternehmen, was seinen Job gefährden könnte.

„Herr Controlé, das mit den Protokollen ist mir sehr unangenehm und die Vorstellung, dass das auf mich zurückfällt, noch viel mehr. Und ich bin mir noch nicht 100%ig darüber im Klaren, ob tatsächlich ich die Fehler zu verantworten habe. Da möchte ich mit Ihnen gerne noch einmal auf das Briefing des Kunden schauen

und auch noch einmal die Schnittstellen zu den Kollegen untersuchen.

Unabhängig davon, wo der Fehler liegt, möchte natürlich auch ich, dass die Protokolle glatt durchlaufen und fehlerfrei sind."

Später dann vielleicht:

„Das mit den Protokollen habe ich dann wohl doch zu verantworten. Möglicherweise spielt da meine private Situation mit hinein. Wissen Sie, zur Zeit belasten mich etliche persönliche Sorgen, die es mir äußerst schwer machen, mich voll und ganz auf meine Aufgaben zu konzentrieren. Genau genommen stehe ich im Moment leider vor folgender Situation..."

ECHTHEIT UND NATÜRLICHKEIT

Rollenspiel

ECHTHEIT UND NATÜRLICHKEIT

5. FAQs zu Echtheit und Natürlichkeit

Im Job echt und natürlich zu sein, ist für manche eine ungewohnte Vorstellung. Im Folgenden habe ich einige Einwände zusammengestellt und die Punkte angeführt, die für mich dennoch für Echtheit und Natürlichkeit sprechen:

Ich habe schlechte Erfahrungen in Sachen Echtheit gemacht. Mein Vertrauen ist missbraucht worden.

▶ Das ist natürlich bitter – und verständlich, wenn es Ihnen jetzt reicht. Für mich war es in solchen Situationen wichtig, den betreffenden Personen meine Enttäuschung auszudrücken und ihnen zu sagen, welche Reaktion ihr Verhalten bei mir ausgelöst hat. Seitdem verlasse ich mich noch stärker auf mein Gefühl, wo es stimmt, etwas von mir zu zeigen – und wo nicht.

Das mache ich sowieso schon lange alles so.

▶ Prima – dann helfen Sie doch den anderen, es ebenso zu machen.

Der offizielle Rahmen lässt keine Natürlichkeit zu.

▶ Wirklich nicht?

Das ganze Gerede von Natürlichkeit ist doch Blödsinn, am Ende kommt es doch nur auf die Fakten an!

▶ Bitte vergessen Sie nicht: Mir geht es nicht darum, das Maximum an Echtheit zum Dogma zu machen. Mir geht es um den richtigen Mix aus Echtheit und Professionalität. Echtheit ist die Voraussetzung für

Vertrauen – und wer kein Vertrauen zu Ihnen hat, der hält auch seine Fakten zurück. Und denken Sie auch daran: Wo nur Fakten sind, ist für Motivation kein Platz mehr.

ECHTHEIT UND NATÜRLICHKEIT

Ich habe die Sorge, dass zu viel Echtheit und Natürlichkeit meiner Karriere schadet.

▶ Trauen Sie Ihrer Wahrnehmung und seien Sie vorsichtig. Doch bedenken Sie auch: Entscheidend für die Karriere ist weniger das Fachwissen – das wird sowieso vorausgesetzt. Entscheidend ist die Persönlichkeit. Persönlichkeit ist etwas sehr Individuelles und entwickelt sich, wenn Sie sich trauen, sich auszudrücken. Dann werden Sie als Individuum erkannt und anerkannt. Und auch hier wieder in stimmigem Maße, in der Balance aus Natürlichkeit und Professionalität.

Wichtiger als die Natürlichkeit ist die Ordnung; schließlich muss alles in geregelten Bahnen verlaufen.

▶ Wenn es für Sie so ist – okay. Und übertreiben Sie es nicht. So manche gute Idee wurde schon durch zu starre Regeln im Keim erstickt. Das ist doch schade – oder?

In unserer Firma laufen alle rum wie die Roboter, natürlich ist da keiner – und unser Chef ist so machtversessen, der zerstört jegliche natürliche Regung.

▶ Wenn Natürlichkeit in Ihrer Firma überhaupt keinen Platz hat, dann horchen Sie doch mal in sich rein und schauen, wie es Ihnen damit geht. Echtheit und Natürlichkeit machen Sie erfolgreich. Wenn das in Ihrer Firma nicht geht, werden sie dort vielleicht nie wirk-

ECHTHEIT UND NATÜRLICHKEIT

lich erfolgreich sein. Und vielleicht kaufen Sie sich dann schon am nächsten Wochenende die aktuelle FAZ, mit dem größten Stellenmarkt Europas ...

Es ist überhaupt kein Ziel von mir, mehr von mir im Job zu zeigen.

▶ Wie geht es Ihnen damit? Wenn Sie sich wohlfühlen und Sie auf die Resonanz treffen, die Sie sich wünschen, ist doch alles wunderbar.

6. Checkliste

▶ Horchen Sie doch einmal in sich rein. Wie geht es Ihnen gerade – eher gut oder eher nicht so gut?

❏ eher gut   ❏ eher nicht so gut

▶ Wenn eher nicht so gut – was ist los?
Welche Gefühle nehmen Sie wahr?
Probieren Sie, alles akzeptierend anzuschauen.

....

....

Richten Sie Ihre Aufmerksamkeit auf ein ganz bestimmtes Gespräch und gehen Sie folgende Punkte durch:

▶ Hebt sich Ihre Stimmung, wenn Sie ...
   ... an Ihren Gesprächspartner denken: ❏ ja   ❏ nein
   ... an das Thema denken: ❏ ja   ❏ nein
   ... an die Rolle denken, die Sie innehaben: ❏ ja   ❏ nein

▶ Kommen Sie in Anspannung, wenn Sie ...
   ... an das Thema denken: ❏ ja   ❏ nein
   ... an Ihren Gesprächspartner denken: ❏ ja   ❏ nein
   ... an die Rolle, die Sie innehaben, denken: ❏ ja   ❏ nein

▶ Und wenn ja, wie erklären Sie sich das?

....

....

....

Checkliste

Je mehr von diesen Regungen sein dürfen, desto natürlicher werden und wirken Sie – je weniger Sie sich erlauben, umso fassadenhafter erscheinen Sie.

▶ Welche Ihrer Gedanken und Gefühle wollen und können Sie konstruktiv ansprechen? Was behalten Sie für sich – und was möchten Sie zu einem späteren Zeitpunkt ansprechen?

....

....

....

....

▶ Wenn Ihre Anspannung etwas mit Ihrer Funktion in der Firma zu tun hat, was können Sie unternehmen, um mehr Spielraum zu bekommen?

....

....

....

....

7. Das Wichtigste in Kürze

ECHTHEIT UND
NATÜRLICHKEIT

▶ Echt zu sein bedeutet, in Kontakt zu den eigenen Gefühlen zu stehen – und der eigenen Wahrnehmung zu vertrauen.

▶ Achten Sie darauf, dass Ihre Echtheit konstruktiv ist. Ihr Gefühlsausdruck „... Am liebsten würde ich Sie hier gar nicht mehr wiedersehen ..." mag zwar echt sein, ist aber destruktiv.

▶ Ob, und wenn ja, wie viel Ihrer inneren Wahrheit Sie artikulieren, bestimmen Sie immer wieder neu. Wichtigstes Kriterium ist die Balance aus Echtheit und Konstruktivität in der jeweiligen Situation.

▶ Auf Dauer werden Sie nur erfolgreich sein, wenn Sie sich so geben, wie Sie sind: Das schafft Vertrauen.

▶ Wenn das in Ihrer Firma nicht geht, werden Sie dort nie wirklich erfolgreich sein. Letztlich ist es Ihre Entscheidung, in welchem Umfeld Sie arbeiten wollen. Bücher wie „Emotionale Intelligenz" und die vielen Soft-Skill-Trainings bestätigen klar den Trend in Richtung Echtheit und Natürlichkeit.

▶ Sie können die Kultur in Ihrer Firma verändern: Unternehmen Sie den ersten Schritt in Richtung Echtheit und Offenheit.

ECHTHEIT UND NATÜRLICHKEIT

8. Trainings-Tipps zu Echtheit und Natürlichkeit

Leben Sie Ihre Echtheit, während Sie dieses Thema besprechen. Sie müssen nicht der perfekte Gesprächs-Moderator sein – thematisieren Sie, was Sie zu dem Thema und der Situation, in der Sie sich befinden, denken und fühlen.
(Dauer: beliebig)

Reflektieren Sie über dieses Thema – am besten in einer lockeren Gesprächsrunde: Welche Erfahrungen haben Ihre Leute mit Echtheit auf der einen und mit strategischem Verhalten auf der anderen Seite gemacht? Wie fehlerfreundlich ist das Klima in ihrer Firma – darf man zugeben, „Mist" gebaut zu haben? Was muss passieren, damit mehr Echtheit möglich ist? Ist es wirklich so, dass wir auf Dauer nur erfolgreich sind, wenn wir uns so geben, wie wir sind – welche Gegenbeispiele lassen sich da finden?
(Dauer: 20-30 Min. – Eventuell deutlich mehr, wenn Störungen in der Unternehmenskultur thematisiert werden)

Besprechen Sie die Fragen aus dem zurückliegenden Abschnitt „Wie viel Echtheit wollen Sie zulassen?" oder lassen Sie Ihre Teilnehmer darüber still reflektieren, zum Beispiel im Lerntagebuch.
(Dauer: 15 Min.)

Auch den Punkt Echtheit können Sie prima im Feedback der **Rollenspiele** oder im Nachgang zu Kundengesprächen besprechen. Wie echt haben Sie auf Ihren Gesprächspartner oder Ihren Kollegen gewirkt – und war das so stimmig? Hinweise zur Einleitung und Durchführung von Rollenspielen, inkl. Kernfragen zur Reflexion finden Sie in der Einleitung auf Seite 15.
(Dauer des Rollenspiels: 10 Min., Reflexion: 40 Min.)

3. Partnerschaftliche Einstellung: Mit Wertschätzung auf gleicher Augenhöhe

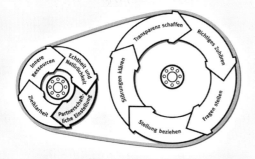

„Laufe erst einmal einen Mond lang in den Mokassins deines Bruders, bevor du ihn verurteilst."

Alte Indianerweisheit

Darum geht's:

Gesprächspartner, die sich gegenseitig achten und akzeptieren, schaffen es am besten, gute Ergebnisse und qualitativ hochwertige Lösungen zu entwickeln. In diesem Kapitel möchte ich Sie deswegen dafür gewinnen, mit Interesse und Neugierde besonders auf die Menschen zuzugehen, mit denen Sie es eher schwierig haben oder die Ihnen eher fremd sind. Warum? Weil Sie Ihre Akzeptanz und Toleranz mit diesen Menschen am besten trainieren können.

Das ist Ihr Nutzen:

▶ Es fällt Ihnen leichter, mit ganz unterschiedlichen Menschen und Ansichten umzugehen.

▶ Sie werden gelassener, souveräner und überzeugender in Ihrer Argumentation und Ihrer Ausstrahlung.

▶ Sie führen effektive und befriedigende Gespräche, weil Sie auf die weit verbreiteten Status- und Prestige-Spiele verzichten.

▶ Sie begreifen schneller, warum der andere so ist, wie er ist – und wissen, wie Sie auf unterschiedliche Gesprächspartner zugehen können.

▶ Sie führen Gespräche auf „gleicher Augenhöhe" – unabhängig von der Hierarchie.

▶ Sie wissen, wie Sie mit nichtpartnerschaftlichen Einstellungen umgehen.

Aufbau des Kapitels:

1. Ich bin okay – Du bist okay 56
2. Gesprächspartner verstehen und akzeptieren heißt nicht, ihnen zuzustimmen 58
3. Menschliche Vielfalt und Andersartigkeit: Ein Strukturierungsvorschlag 59
4. Den Akzeptanz-Muskel stärken 62
5. Rollenspiel: Partnerschaftliche Einstellung in der Praxis 64
6. FAQs zu Partnerschaftliche Einstellung 66
7. Checkliste 68
8. Das Wichtigste in Kürze 70
9. Trainings-Tipps zu Partnerschaftliche Einstellung 72

1. Ich bin okay – Du bist okay

Mit Akzeptanz und Toleranz eine Gesprächsbeziehung auf gleicher Augenhöhe führen.

Schon mal gehört: Ich bin okay – Du bist okay? Das klingt sehr amerikanisch, ist es auch – und es steckt eine Menge dahinter. Vor allem die jahrzehntelange Arbeit von Eric Berne und Thomas Harris, den Vätern einer kommunikationspsychologischen Schule, der Transaktionsanalyse. Ich bin okay – Du bist okay, das drückt umgangssprachlich aus, was ich mit Akzeptanz und Toleranz meine: eine Gesprächsbeziehung auf gleicher Augenhöhe. Eine Begegnung zweier erwachsener Menschen, die sich konstruktiv daran machen, eine Aufgabe zu lösen – und dabei fair miteinander umgehen, auch wenn sie unterschiedlicher Meinung sind oder mit dem Verhalten ihres Gegenübers nicht einverstanden sind.

Beispiel: Unterschiedliche Arbeitsweisen im Betrieb
Geht es einer Firma wirtschaftlich gut, ist die Bereitschaft der Mitarbeiter und Führungskräfte, den anderen so zu lassen, wie er ist, meistens recht hoch. Abteilungsleiterin Rund zum Beispiel legt die Kundenzuordnungen ihrer Mitarbeiter am liebsten im offenen Gespräch mit ihrem Team fest. Sie moderiert eher, als dass sie bestimmt. Abteilungsleiter Eckig arbeitet entsprechende Pläne vorzugsweise alleine aus und gibt dann das fertige Ergebnis vor. Beide sagen von sich und vom anderen: Ich bin okay – und Du bist auch okay.

Die Bereitschaft zum „Du bist okay" geht rasch verloren, wenn die Ähnlichkeit schwindet, wenn die Ressourcen (zum Beispiel das Geld) knapp werden, wenn um Funktionen und Positionen gestritten wird. Dann heißt es schnell: Ich bin okay – aber Du bist nicht okay.

PARTNERSCHAFTLICHE EINSTELLUNG

Beispiel: Knappe Ressourcen
Die moderierende Abteilungsleiterin Rund wird dann schnell zu der, die zu wenige Vorgaben macht und sich um Entscheidungen drückt. Abteilungsleiter Eckig, der lieber alleine arbeitet, wird schnell zu dem, der eigenbrötlerisch und verschlossen ist und seine Leute demotiviert. Dabei machen die einen die jeweils anderen für die wirtschaftliche Talfahrt verantwortlich. Die Grundhaltung verändert sich zum: Ich bin okay – aber Du bist nicht okay.

Unterschiedlichkeiten nutzen: Überlegen, wo die Vorteile des jeweils anderen Verhaltens liegen und Teilaspekte davon in das eigene Handlungsrepertoire übernehmen.

Eigentlich schade, denn bestimmt könnte man die Qualitäten beider für eine Konzentration der Kräfte nutzen, um die wirtschaftlich schwierige Situation zu meistern. Das würde sicher eine hitzige und kämpferische – dafür aber auch ertragreiche – Diskussion ergeben. Mit Okay-Haltungen auf beiden Seiten könnten beide überlegen, wo die Vorteile des jeweils anderen Verhaltens liegen und Teilaspekte davon in ihr eigenes Handlungsrepertoire übernehmen.

PARTNERSCHAFTLICHE EINSTELLUNG

Nicht-okay-Haltungen werden vom Gesprächspartner intuitiv wahrgenommen.

Wo kein Vertrauen ist, wird Information zurückgehalten.

Bei Nicht-okay-Haltungen ist es schnell vorbei mit Akzeptanz und Toleranz – und damit auch vorbei mit dem Interesse, den anderen verstehen zu wollen. Wenn Ihr Gesprächspartner diese Anti-Einstellung bei Ihnen wahrnimmt (und glauben Sie mir: Über kurz oder lang wird das so deutlich, als ob Ihre innere Einstellung auf Ihrem T-Shirt stünde), ist es vorbei mit seiner Bereitschaft, offen mit Ihnen zu kommunizieren. Gleichzeitig schwindet damit das Vertrauen. Und wo kein Vertrauen ist, wird Information zurückgehalten ...

Denken Sie daran, wenn Sie jemandem den „Nicht-okay-Stempel" aufdrücken.

Dauerhaft in einer „Ich bin okay – Du bist okay"-Haltung zu bleiben und Vertrauen aufzubauen, klappt am besten, wenn Sie Ihr Gegenüber in seinem Denken und Handeln verstehen.

2. Gesprächspartner verstehen/akzeptieren heißt nicht, ihnen zuzustimmen

Idealtypischerweise probieren Sie es, Ihr Gegenüber mit Interesse und Neugier in seinem Denken und Handeln zu verstehen. Sie versuchen nachzuvollziehen, wie er zu seiner Position kommt, welche Interessen er damit verfolgt und vor welchem Hintergrund er dieses oder jenes will oder ablehnt. Nach dem Motto: „Ich verstehe jetzt, wie Sie zu dieser Haltung kommen. Und wenn ich mir vorstelle, ich wäre an Ihrer Stelle, würde ich unter Umständen genauso handeln."

Wer Akzeptanz wahrnimmt, ist eher bereit, sich auf den anderen einzulassen.

Merkt Ihr Gesprächspartner Ihre prinzipielle Akzeptanz, wird er offener Ihnen gegenüber. Denn auf der Basis der Akzeptanz lassen wir uns eher auf den anderen ein – und sind auch eher bereit, Informationen zu teilen, von unserem Standpunkt Abstriche zu machen oder ihn ganz zu verlassen. Akzeptiert zu werden schafft Vertrauen. Und ohne Vertrauen können Sie sowieso nur Fakten austauschen – und selbst davon werden Sie nicht genug bekommen.

Aber: Den Gesprächspartner zu akzeptieren und zu verstehen muss keineswegs bedeuten, seine Sichtweise zu übernehmen. Je unterschiedlicher von sich selbst Sie Ihre Gesprächspartner empfinden, desto schwieriger kann es sein, ihr Verhalten und ihre Ansichten nachzuempfinden.

PARTNERSCHAFTLICHE EINSTELLUNG

Akzeptieren bedeutet nicht zwangsläufig, die andere Sichtweise zu übernehmen.

Halten Sie sich jetzt doch bitte mal einen Menschen vor Augen, bei dem es Ihnen beim besten Willen nicht leichtfällt, „Du bist okay" zu sagen. Was ist das für ein Typ und mit welchen Ansichten und Verhaltensweisen prallen Sie aufeinander?

-**A**^{ktion}

....

....

....

Um menschliche Vielfalt und Andersartigkeit zu verstehen, möchte ich Ihnen nun ein Modell vorstellen.

3. Menschliche Vielfalt und Andersartigkeit: Ein Strukturierungsvorschlag

Christoph Thomann, Fritz Riemann und S. v. Thun erklären menschliche Unterschiedlichkeit, indem sie sich an vier Werten und Motiven orientieren, die sich im menschlichen Zusammenleben immer wieder zeigen: Nähe und Distanz, Dauer und Wechsel.

PARTNERSCHAFTLICHE EINSTELLUNG

▶ **Motiv Nähe:** Das zeigt sich im Interesse am persönlichen Austausch und dem Wunsch, mit anderen Menschen zusammen zu sein. Im Job kann sich das in der Freude an der Teamarbeit zeigen.

▶ **Motiv Distanz:** Das finden wir im Bedürfnis, auch mal allein zu sein und Raum für sich zu beanspruchen. Im Arbeitsalltag zeigt sich das in dem Wunsch, Lösungen und Konzepte lieber alleine auszubrüten.

▶ **Motiv Dauer:** Das sehen wir im Bedürfnis nach Planbarkeit, festen Verabredungen und regelmäßigen Treffen – zum Beispiel bei einem Abteilungsleiter, der alles ganz genau und ein klein wenig penibel durchorganisiert hat.

▶ **Motiv Wechsel:** Das drückt sich aus im Wunsch nach Spontaneität und Abwechslung. Im Job finden wir dieses Motiv bei Kollegen, die alle zwei Wochen eine neue Frisur und jeden Tag ein neues Outfit tragen.

Die Verschiedenheit von Menschen lässt sich mit unterschiedlicher Intensität nach Nähe und Distanz, Dauer und Wechsel beschreiben.

Wahrscheinlich erkennen Sie diese Wünsche und Motive bei sich und bei anderen wieder. Grundsätzlich sind sie alle gleichwertig, gleich akzeptabel und gleich legitim, obwohl sie nicht in jeder Situation gleich erwünscht und gleich angebracht sind. Und jeder Mensch lebt diese vier Werte in unterschiedlicher Ausprägung in unterschiedlichen Situationen und Zusammenhängen.

Die meisten Menschen können mit dieser Unterschiedlichkeit ganz passabel umgehen – so lange, bis es Stress gibt. Wir haben es weiter oben schon einmal behandelt: Wenn die Ressourcen knapp werden oder um Positionen und Funktionen gestritten wird, dann ist es schnell vorbei mit dem Verständnis und der Akzeptanz. Es regiert das „Entweder-oder" über das „Sowohl-als-auch". War es eben noch okay, dass jemand Entscheidungen am liebsten in Übereinstimmung mit seinem Team fällt, ist es jetzt ein Zeichen für Durchsetzungsschwäche und Konfliktscheuheit. Die verschlossene Bürotür wird zum Symbol für die Einstellung des dahinter Sitzenden. Der gilt dann leicht als kontaktscheu, kühl und verschlossen. Das Bedürfnis nach klarer Organisation und transparenten Entscheidungsabläufen wird als kontrollierend, unflexibel und pedantisch angesehen. Und der Drang nach Wechsel als egozentrisch, oberflächlich und chaotisch.

PARTNERSCHAFTLICHE EINSTELLUNG

-Aktion

Halten Sie sich bitte ein zweites Mal den Menschen vor Augen, bei dem es Ihnen beim besten Willen nicht leichtfällt, „Du bist okay" zu sagen. Können Sie zwischen ihm und Ihnen klare Motivunterschiede (Nähe – Distanz, Dauer – Wechsel) feststellen?

....

....

....

Stehen diese Feindbilder erst einmal, ist es bis zur Eskalation nicht mehr weit. Wenn Sie Pech haben, kommen die Status- oder Prestigespiele noch dazu und es wird deutlich: Von einer partnerschaftlichen Einstellung ist nicht mehr viel übrig geblieben. Die „Ich bin okay – Du bist nicht okay"-Haltung hat das Regiment übernommen.

Und gleichzeitig liegt genau hier eine große Chance, die Akzeptanz-Kompetenz zu erhöhen. Indem Sie innehalten und sich sagen: Halt – da gibt es etwas, das ich noch nicht verstanden habe. Warum handelt der andere so, wie er handelt? Schauen Sie mit dieser Brille doch noch einmal auf Ihren „Du bist nicht okay"-Beispiel-Menschen. Können Sie ein wenig mehr von dem verstehen, was Sie auf die Palme bringt?

Halten Sie einen Moment inne und sehen Sie die Welt aus den Augen des anderen. Warum handelt er so?

PARTNERSCHAFTLICHE EINSTELLUNG

Unabhängig vom Ja oder Nein hilft die innere Einstellung: Ich akzeptiere den anderen in seinem Mensch-Sein – auch wenn ich über sein Verhalten entsetzt bin und keine Ahnung habe, wie er zu seinen „abstrusen" Ansichten kommt.

4. Den Akzeptanz-Muskel stärken

Akzeptanz-Check:

- Ich halte inne und baue Stress ab. Ich konzentriere mich auf meine Atmung.
- Ich nehme Abstand, betrachte die Situation aus der Vogelperspektive.
- Was regt mich am anderen auf? Nähe, Distanz, Dauer, Wechsel?
- Welche Gründe wird der andere für sein Verhalten haben (Motive/Werte)?
- Wie mag er die Situation erleben?

Was können Sie konkret tun, wenn es da jemanden gibt, der Sie sofort in Spannung und in die „Du bist nicht okay"-Haltung bringt?

▶ Innehalten und Ruhe bewahren, zum Beispiel indem Sie sich acht Atemzüge lang auf Ihren Atem konzentrieren.

▶ Versuchen Sie Abstand zu nehmen, beispielsweise indem Sie sich vorstellen, dass Sie auf der Tribüne einer Arena Platz nehmen und von dort aus sich und Ihren Gesprächspartner beobachten.

▶ Was bringt Sie auf die Palme, was regt Sie auf? Finden Sie bei Ihrem Gesprächspartner einen oder mehrere der vier Werte und Motive wieder, die aus Ihrer Sicht situativ völlig unpassend sind? Fordert z.B. jemand Beständigkeit, wo Sie eine rasche Veränderung wollen – und was ist so unangenehm an der Beständigkeit?

▶ Was steckt hinter dem Verhalten Ihres Gesprächspartners? Welche Gründe hat er dafür und welche Wünsche und Werte finden Sie darin wieder?

▶ Finden Sie heraus, wie er die Situation erlebt, wie er Ihr Verhalten interpretiert, wo seine Wünsche und Motive liegen. Die konkreten Tools dazu finden Sie in den Abschnitten Richtiges Zuhören, S. 121 und Fragen stellen, S. 143.

▶ Machen Sie es sich zu Ihrem persönlichen Ziel, herauszufinden, wie der andere zu seinen Ansichten kommt, wie er funktioniert und seine Wirklichkeit verarbeitet – und sie werden ihn verstehen.

PARTNERSCHAFTLICHE EINSTELLUNG

Der andere ist so wie er ist. Mit einer „Du bist nicht okay"-Haltung und einer ganzen Batterie von Argumenten erreichen Sie nicht viel und mit Druck ebenso wenig.

Die erfolgversprechendste Methode, eine Verhaltensänderung herbeizuführen, ist in einem ersten Schritt, Ihren Gesprächspartner zu verstehen und zu akzeptieren, und in einem zweiten Schritt, ein gutes Beispiel vorzuleben.

Helfen Sie anderen, eine partnerschaftliche Einstellung zu finden, indem Sie sie vorleben.

PARTNERSCHAFTLICHE EINSTELLUNG

5. Rollenspiel:
Partnerschaftliche Einstellung in der Praxis

(Die Beschreibung des Eingangsszenarios zu diesem Rollenspiel finden Sie auf Seite 14)

An dieser Stelle sind Herr Controlé und Herr Spieler gleichermaßen gefordert, denn beide tragen einiges mit sich herum, was ein akzeptierendes Aufeinanderzugehen erschweren kann. Claus Controlé wird am Erfolg seiner Abteilung gemessen, und bei drei fehlerhaften Protokollen in Folge ist die Versuchung einer „Sie sind nicht okay"-Haltung in Kombination mit Druck aufbauendem Verhalten sehr groß.

Bei Herrn Spieler ist die Wahrscheinlichkeit einer nicht akzeptierenden Einstellung wahrscheinlich noch höher, weil er ja gerne auf dem Stuhl von Herrn Controlé sitzen wollte.

Was kann den beiden helfen, zu einer partnerschaftlichen Einstellung zu finden?

Herrn Controlé sicher eine verantwortliche Einstellung seinen Mitarbeitern gegenüber, denn nur wenn er diese für sich gewinnt, engagieren sie sich ihrerseits für ihn. Ferner: Zu wissen, dass Herr Spieler bis vor kurzem noch erstklassige Arbeit gemacht hat. Das Potenzial ist also da, jetzt soll es wieder freigelegt werden. Falls Herr Spieler sich so weit öffnet und seine prekäre finanzielle Situation offen legt – und vor allem die Börsenspekulation als Ursache – gilt es, ihn mit seinem „Spieltrieb" anzunehmen. Schwierig würde es wohl, wenn Herr Spieler ihm offenbart, seinen Job gewollt zu haben. Gleichzeitig ist das eine gute Erklärung für das aus dem Weg gehende Verhalten Spielers.

Siegfried Spieler müsste in einem ersten Schritt akzeptieren, dass er tatsächlich Fehler gemacht hat. Sucht er die Ursache für die fehlerhaften Protokolle vor allem bei Dritten, wird es schwierig, konstruktive Korrekturen einzuleiten. Weiterhin kommt er nicht umhin, der Tatsache ins Auge zu schauen, das eigene Haus potenziell verspekuliert zu haben. Und drittens ist er gehalten, den jüngeren Herrn Controlé als Vorgesetzten zu akzeptieren. Zudem dieser keine Verantwortung dafür trägt, ihm vorgesetzt worden zu sein. Der richtige Adressat für seine Enttäuschung und seinen Unmut in Sachen Beförderung wäre die Geschäftsführung – nicht Herr Controlé.

PARTNERSCHAFTLICHE EINSTELLUNG

PARTNERSHAFTLICHE EINSTELLUNG

6. FAQs zu Partnerschaftliche Einstellung

Partnerschaftliches Verhalten zu leben ist eine Sache. Eine andere Sache ist es, mit nicht-partnerschaftlichem Verhalten umzugehen. Lesen Sie dazu bitte unbedingt auch das Kapitel Störungen klären, S. 211 und die FAQs im Abschnitt Stellung beziehen, S. 199.

Wie kann ich mich in einen Okay-Zustand bringen?

▶ Schauen Sie dazu bitte noch einmal die Checklisten in den Abschnitten Innere Ressourcen, S. 29 und Echtheit, S. 51 an.

Es geht hier doch um Geschäfte und nicht darum, dass wir uns alle lieb haben.

▶ Richtig – und um gute Geschäfte machen zu können, sollten Sie die Motive und Interessen Ihres Geschäftspartners kennen und damit umgehen. Neugierde und Interesse signalisieren Ihrem Geschäftspartner Ihre ernsthaften Absichten und Ihr Bemühen, eine gute Lösung zu entwickeln.

Tut mir leid – aber ich kann den anderen einfach nicht verstehen. Seine Ideen sind mir so was von fremd – nein danke.

▶ Probieren Sie einmal Folgendes aus. Trennen Sie das, was Ihr Gesprächspartner sagt, von seinem Mensch-Sein an sich. Auch wenn Sie sein Verhalten entsetzt und seine Ansichten für Sie völlig abstrus sind: Er bleibt immer noch ein Mensch. Und vermutlich ist er wie alle Menschen auf der Suche nach Wertschätzung, nach Anerkennung. Vielleicht hilft Ihnen das, einen neuen Zugang zu Ihrem Gesprächspartner zu finden.

Der andere hat bestimmte „Macken", die treiben mich zur Weißglut.

▶ Schauen Sie mal genau hin. Was regt Sie so auf am anderen? Manchmal sind da Verhaltensweisen oder Ansichten bei, die uns durchaus nicht unbekannt sind – die wir bei uns aber verleugnen. Getreu dem Motto: „Was ich an mir nicht leiden kann, das hänge ich dem anderen an" greifen wir den anderen an, obwohl wir uns eigentlich an die eigene Nase fassen müssten. Psychologen bezeichnen ein solches Verhalten als Projektion.

Beispiel: Lars Leiter weiß, dass er bei Beträgen über 5.000 Euro regelmäßig in große Entscheidungsschwierigkeiten kommt, kann diesen Zug an sich aber nicht so recht akzeptieren. In einem aktuellen Gespräch steht sein Gesprächspartner Lothar Lau jetzt vor der Frage, ob er Leiter den Auftrag in Höhe von 10.000 Euro gibt oder nicht. Immer weitere Fragen hat Lau, immer neue Garantien verlangt er – Lars Leiter sieht, wie Lau leidet. Leiter erträgt es nicht mehr, spitzt die Situation zu mit Bemerkungen wie: *„So schwer kann das doch nun auch nicht sein"* – und schreibt Lau innerlich als Waschlappen ab. Ein klarer Fall von Projektion. Leiter sieht seine eigene „Schwäche" beim anderen, kann es nicht ertragen, verurteilt es – und muss sich somit nicht weiter mit seinen eigenen Entscheidungsschwierigkeiten beschäftigen.

▶ Schauen Sie dazu auch noch einmal weiter vorne unter Den Akzeptanz-Muskel stärken, S. 62.

PARTNERSCHAFTLICHE EINSTELLUNG

7. Checkliste

Die partnerschaftliche Einstellung beschreibt die „Ich bin okay – Du bist okay"-Kompetenz – also den Grad an Fairness und Konstruktivität, an Offenheit und Ebenbürtigkeit, mit dem Sie auf Ihr Gegenüber zugehen.

Dies per Checkliste festzuschreiben, ist ein kühnes und heikles Unterfangen. Deswegen geht es hier auch keineswegs um ein „In-die-Schublade-Stecken". Vielmehr sollen die Fragen Sie anregen, sich Ihre innere Einstellung Ihren Gesprächspartnern gegenüber bewusster zu machen. Halten Sie einen Moment inne, bevor Sie Ihr Kreuzchen machen – niemand kontrolliert Sie. Interessant ist es auch, mithilfe der Fragen das Fremdbild eines Kollegen oder Freundes einzuholen: Soll der doch mal sagen, wie er Sie einschätzt.

▶ Auf einer Skala von 1 (überhaupt nicht partnerschaftlich) bis 10 (absolut partnerschaftlich), wo verorten Sie sich da – zunächst einmal ganz allgemein?

1   ◯ ◯ ◯ ◯ ◯ ◯ ◯ ◯ **10**

▶ Im Kapitel Echtheit haben wir die Wichtigkeit betont, zu den eigenen Gefühlen und Gedanken zu stehen. Räumen Sie dieses „Recht" Ihrem Gesprächspartner ebenfalls ein? Und auch dann, wenn es für Sie unangenehm zu sein scheint? ❏ ja ❏ nein

▶ In fast jeder Firma haben einzelne Mitarbeiter Sonderrechte, die andere nicht haben – gestehen Sie Ihre Sonderrechte auch anderen Menschen zu? ❏ ja ❏ nein

▶ Lassen Sie einmal Ihre letzten fünf Gesprächspartner vor Ihrem geistigen Auge erscheinen. Gehen Sie einen nach dem anderen durch. In welcher Haltung haben Sie sich überwiegend gefühlt?

❏ Ich bin okay – Du bist okay
❏ Ich bin okay – Du bist nicht okay
❏ Ich bin nicht okay – Du bist okay
❏ Ich bin nicht okay – Du auch nicht

▶ Können Sie es ertragen, wenn sich in einer Besprechung eine
Problemlösung durchsetzt, die völlig anders ist als die,
die Sie favorisieren? ❏ ja ❏ nein

▶ Sind Sie wirklich interessiert an den Gedanken und Ansichten
Ihres Gesprächspartners – d.h., wollen Sie wirklich wissen,
was im anderen vor sich geht? ❏ ja ❏ nein

▶ Sind Sie bereit, eigene Wünsche und Erwartungen zur Seite
zu stellen oder gar fallenzulassen, wenn es der Sache oder
der Beziehung dient? ❏ ja ❏ nein

▶ Kennen Sie eigene Schwächen und Fehler – und bemerken
Sie, wenn Sie diese auf Ihren Gesprächspartner übertragen?
❏ ja ❏ nein

▶ Geben Sie Ihrem Gesprächspartner Raum, seine Geschichte
zu erzählen, ohne vorschnell zu reagieren, ohne ihn vorschnell
zu unterbrechen oder ihm gute Ratschläge aufzudrängen?
❏ ja ❏ nein

▶ Unterstützen Sie Ihren Gesprächspartner darin, keine
vorschnellen Schlüsse zu ziehen – und sich Zeit für ruhige
Überlegungen und Entscheidungen zu nehmen?
❏ ja ❏ nein

▶ Ihre Gesprächspartner sind eigenständige Persönlichkeiten,
die aus ihren Fehlern lernen und niemanden brauchen, der
sie an die kurze Leine nimmt? ❏ ja ❏ nein

Je häufiger Sie die Fragen mit „Ja" beantwortet haben, desto
wahrscheinlicher ist es, dass Sie Ihren Gesprächspartner bei der
Lösung von Aufgaben und Problemen aktiv mit einbeziehen –
partnerschaftlich eben.

8. Das Wichtigste in Kürze

PARTNERSCHAFTLICHE EINSTELLUNG

▶ Ihren Gesprächspartner zu akzeptieren und zu verstehen, ist der erste Schritt auf dem Weg zum Vertrauen. Und Vertrauen ist der Anfang von allem.

▶ Sie können Ihre Gesprächspartner und deren Meinungen akzeptieren – und trotzdem anderer Meinung sein.

▶ Bevor Sie Ihrem Gesprächspartner den Nicht-okay-Stempel aufdrücken, halten Sie einen Moment inne und sehen Sie die Welt aus dessen Augen. Denken Sie an die alte Indianer-Weisheit: „Laufe erst einmal einen Mond lang in den Mokassins deines Bruders, bevor du ihn verurteilst."

▶ Die Verschiedenheit von Menschen lässt sich mit Wünschen in unterschiedlicher Intensität nach Nähe und Distanz, Dauer und Wechsel beschreiben. Diese Qualitäten sind als gleichwertig, gleich akzeptabel und gleich legitim zu bewerten, obwohl sie nicht in jeder Situation gleich erwünscht und gleich angebracht sind. Was erwünscht und angebracht ist, bestimmen Sie in jeder Gesprächssituation neu.

▶ Helfen Sie anderen, eine partnerschaftliche Einstellung zu finden, indem Sie sie vorleben.

▶ Eine partnerschaftliche Einstellung meint keineswegs: Wir haben uns alle so lieb. Und auch nicht: Wenn Du mir nichts tust, tu' ich Dir auch nichts. Mit einer partnerschaftlichen Einstellung unterwegs zu sein, bedeutet auch, verbal um Interessen und Positionen zu kämpfen: fair, konstruktiv und human.

▶ Das Gegenteil einer partnerschaftlichen Einstellung findet sich in einer überheblichen, überzogen fürsorglichen oder unterwürfigen Haltung. Und auch in einer

Einstellung, die Anerkennung weder aussprechen noch annehmen kann.

▶ Und eines ist sicher: Wie Sie in den Wald hineinrufen, so schallt es wieder zurück! Unternehmen Sie den ersten Schritt in Richtung einer partnerschaftlicheren Kommunikation, beispielsweise indem Sie auf Hierarchie-Argumente und andere Druckmittel verzichten.

▶ Geben Sie dem anderen die Freiheiten, die Sie für sich selbst in Anspruch nehmen.

PARTNERSCHAFTLICHE EINSTELLUNG

Fazit

PARTNERSCHAFTLICHE
EINSTELLUNG

9. Trainings-Tipps zur Partnerschaftlichen Einstellung

Suchen Sie sich von den folgenden vier Möglichkeiten die aus, die am besten für Sie passt – oder kombinieren Sie sie untereinander: komprimierter Input, intensives Diskutieren, konkretes Erfahren in speziellen Übungen und Reflektieren im Rollenspiel.

Input: Stellen Sie die vier von Berne/Harris benannten Ich-Zustände vor *(Ich bin okay – Du bist nicht okay, Ich bin nicht okay – Du bist okay, Ich bin nicht okay – Du bist nicht okay, Ich bin okay – Du bist okay)*, charakterisieren Sie sie kurz und stellen Sie den „Ich bin okay – Du bist okay"-Zustand als den konstruktivsten heraus. In dem Buch „Spiele der Erwachsenen" von Eric Berne finden Sie auf den Punkt gebrachte Erläuterungen dazu (siehe Literatur-Liste).
(Dauer für diese Trainingsphase: ca. 20 Min.)

Oder:
Stellen Sie die vier Thomann/Riemann'schen Motive *Nähe und Distanz, Dauer und Wechsel* vor und veranschaulichen Sie diese an kleinen Geschichten.

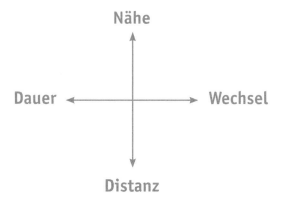

Beispiel: „Wie verbringen Sie die kostbarste Zeit des Jahres, Ihren Urlaub: Gemeinsam mit ihren Liebsten und Freunden (Motiv: Nähe), gerne auch mal allein (Motiv:

Distanz), immer wieder am gleichen Ort (Motiv: Dauer) oder mit immer anderen Menschen an immer anderen Orten (Motiv: Wechsel)?" Menschliche Vielfalt und Andersartigkeit wird umgehend deutlich. Deutlich wird auch, wie wichtig und leicht es ist, die unterschiedlichen Präferenzen zu akzeptieren und zu tolerieren.

Literatur-Tipp: Lesen Sie hierzu „Klärungshilfe: Konflikte im Beruf" von C. Thomann.
(Dauer für diese Trainingsphase: ca. 20 Min.)

Üben Sie gemeinsam: Den Akzeptanz-Muskel stärken (oben, S. 62).
(Dauer für diese Trainingsphase: ca. 20-30 Min.)

Diskutieren: Fragen Sie Ihre Leute, was sie unter partnerschaftlicher Einstellung verstehen und welche Erfahrungen sie damit gemacht haben. „Ich bin okay – Du bist okay" – wo ist die Grenze und welches Verhalten oder welche Einstellungen lösen „Du bist nicht okay"-Einstellungen aus? Mit den Fragen und Thesen aus dem Abschnitt FAQs zu Partnerschaftliche Einstellung, S. 66, haben sie viele Steuerungsmöglichkeiten und Impulsgeber für die Diskussion.
(Dauer für die Diskussion: ca. 20-30 Min.)

Konkretes Erfahren: Ich schlage Ihnen zwei Übungen vor, die für Okay- und für Nicht-okay-Gefühle oder auch Sympathie/Antipathie-Gefühle senisibilisieren.

Übung 1:
Ziel der Übung ist es, einmal bewusst wahrzunehmen, welche Gefühle unterschiedliche Menschen auslösen. Es ist nicht das Ziel dieser Übung, gruppendynamische Prozesse auszulösen.

PARTNERSCHAFTLICHE EINSTELLUNG

PARTNERSCHAFTLICHE EINSTELLUNG

Die Teilnehmer stellen sich in zwei Reihen so auf, dass jeder ein klar zugeordnetes Gegenüber hat. Der Abstand zwischen den Reihen beträgt etwa 120 bis 150 cm.

Die Teilnehmer stellen sich in zwei Reihen auf, sodass jeder ein klar zugeordnetes Gegenüber hat ...

Anweisung Trainer:
„Konzentrieren Sie sich ganz auf Ihre Wahrnehmung und probieren Sie einmal nur zu schweigen, nicht zu reden und nicht zu lachen. Nehmen Sie jetzt Blickkontakt zu Ihrem Gegenüber auf. Wie fühlen Sie sich und wie geht es Ihnen mit diesem Gegenüber? Fühlen Sie sich eher wohl oder eher unwohl, ist er Ihnen eher sympathisch oder eher unsympathisch, fühlen Sie sich neutral – oder eher überlegen oder unterlegen? Behalten Sie diese Eindrücke für sich – und suchen Sie sich jetzt einen neuen Partner."

Die Übung wiederholt sich zwei oder drei Mal.

Erläutern Sie zum Abschluss noch einmal das Ziel dieser Übung, fragen Sie, ob jemand etwas sagen möchte – und überlegen Sie mit Ihren Leuten, wie sie mit den unterschiedlichen Gefühlen im Alltag umgehen.
(Dauer für diese Übung: ca. 15 Min.)

Übung 2:
Ziel dieser Übung ist es, die Teilnehmer für körpersprachliche Signale von Über- und Unterlegenheit zu sensibilisieren – und zwar gnadenlos überzogen. Auch hier hilft die Bitte, nicht zu sprechen – und nach Möglichkeit nicht zu lachen. Ziel ist es wieder, bewusst wahrzunehmen, welche Empfindungen durch unterschiedliche Körperhaltungen ausgelöst werden.

Die Teilnehmer/Mitarbeiter finden sich in Zweiergruppen und setzen sich auf Stühlen gegenüber. Die beiden einigen sich: Einer ist A, der andere B. Jetzt beginnt A gegenüber B körpersprachlich Überlegenheit auszudrücken. B schaut nur zu. A kann ganz kleine mimische Mittel benutzen, wie z.B. die Augenbrauen hochziehen – oder auch extrem übersteigern und sich mit bösem Blick, verschränkten Armen auf den Stuhl stellen und wie Nero auf B hinabblicken. Nach drei Minuten wechseln Sie die Rollen: A schaut zu – und B drückt seine Überlegenheit aus.

Die gleiche Übung funktioniert auch, wenn Sie statt Überlegenheit Unterlegenheit ausdrücken lassen. Reflektieren Sie abschließend und fragen Sie, ob Ihre Teilnehmer sich selbst, Mitarbeiter, Kollegen oder Kunden wiedererkannt haben. Überlegen Sie ferner, wie Sie mit Über- und Unterlegenheit, also mit nicht-partnerschaftlichem Verhalten in Ihrem Alltag umgehen können. Anregungen finden Sie in den FAQs auf den Seiten 66 ff. (Dauer für diese Übung: ca. 15 Min.)

Reflexion im Rollenspiel: Nehmen Sie den Punkt Partnerschaftliches Verhalten als Feedback-Kriterium auf, vergeben Sie einen dementsprechenden Beobachtungsauftrag und gehen Sie damit in die Tiefe: Wo haben Sie nicht-partnerschaftliches Verhalten bemerkt, wie hat es sich konkret geäußert und wie sind die Sprecher da-

PARTNERSCHAFTLICHE EINSTELLUNG

PARTNERSCHAFTLICHE EINSTELLUNG

mit umgegangen? Weitere Hinweise zur Einleitung und Durchführung von Rollenspielen inkl. Kernfragen zur Reflexion finden Sie in der Einleitung auf Seite 15. (Dauer für das Rollenspiel: ca. 15 Min., 40 Min. Reflexion)

4. Zielklarheit: Wissen wohin – und wissen warum

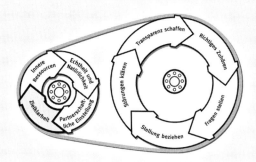

„You become successfull the moment you start moving to a worthwhile goal."

Amerikanisches Sprichwort

Darum geht's:

Zielklarheit: Das ist die Heimat der Motivationspsychologie und der Motivations-Trainer. Ich weiß nicht, wie Sie zu „Tschakaa!!!" und zu gebetsmühlenartigem Wiederholen von „Du schaffst es!"-Parolen stehen. Aber ich weiß: Ein klar formuliertes und visualisiertes Ziel ist eine starke Grundlage, um das zu erreichen, was Sie sich vorgenommen haben. Finden Sie jetzt die Ziele, die Sie und Ihre Gesprächspartner motivieren.

Das ist Ihr Nutzen:

▶ Ihre Gesprächseffizienz steigert sich rapide.

▶ Sie formulieren strahlkräftige (kraft- und energievolle) Ziele. Das spürt Ihr Gegenüber – und Sie ersparen sich damit Argumentationsarbeit.

▶ Sie erreichen Ihre selbst gesteckten Ziele. Das macht Spaß und erfolgreich.

▶ Ab heute überprüfen Sie, ob der Aufwand zur Zielerreichung in einem vernünftigen Verhältnis zu seinem Nutzen steht.

Aufbau des Kapitels:

1. Zielklarheit – was ist das?..78
2. Zielebene I: Mittel- und langfristige Ziele 78
3. Zielebene II: Gesprächsziele 83
4. Ziele überprüfen..85
5. Rollenspiel: Zielklarheit in der Praxis 87
6. FAQs zu Zielklarheit 89
7. Checkliste..91
8. Das Wichtigste in Kürze..93
9. Trainings-Tipps zu Zielklarheit 94

1. Zielklarheit – Was ist das?

Zielklarheit bedeutet, dass Sie ein konkretes Bild von Ihrem Ziel klar vor Augen haben. Mittel- und langfristig – und auch in jedem einzelnen Gespräch. Und wenn Sie kein Ziel haben, machen Sie das Finden eines Ziels zu Ihrem absoluten Oberziel.

Im Kontext der Gesprächsführung unterscheide ich zwei verschiedene Zielebenen: Zielebene I – langfristige Ziele. Und Zielebene II – konkrete Gesprächsziele.

2. Zielebene I: Mittel- und langfristige Ziele

Zielebene I meint die Entwicklung, die Sie als (berufstätiger) Mensch einschlagen möchten. Sind Sie Einzelkämpfer oder Mitarbeiter in einem Team? Dann schauen Sie doch mal, in welche Richtung Sie sich entwickeln wollen.

Möchten Sie sich spezialisieren oder generalisieren, aufsteigen oder aussteigen? Und mit welchen Partnern wollen Sie Ihre Ziele erreichen?

Sind Sie Führungskraft? Dann fragen Sie sich doch einmal, welcher Führungsstil am besten zu Ihnen persönlich und zu Ihrer Aufgabe passt. Möchten Sie eher beziehungs- oder aufgabenorientiert führen, eher kooperativ oder eher autoritär, oder gar in einem Mix aus allem? Und was wollen Sie für Ihre Mitarbeiter tun? (Lesen Sie dazu auch: „Wie viel Echtheit wollen Sie zulassen?" auf Seite 40.)

All diese Aspekte gehören zur Zielebene I. Und von dieser Zielebene kann viel Kraft ausgehen. Ein kraft- und energievolles Ziel nimmt Ihnen viel Argumentationsarbeit ab, weil Ihr Gesprächspartner augenblicklich wahrnimmt, dass Sie eine Vision haben, über den Tellerrand hinausblicken, dass Sie wissen, was Sie wollen. Ein Ziel auf dieser Ebene kann die Glut Ihres inneren Feuers sein, das Sie brauchen, um andere Menschen von sich und Ihren Zielen zu überzeugen.

Folgende Fragen mögen Ihnen beim ersten Nachspüren helfen, wo die Reise hingehen könnte:

▶ Welche Fernziele streben Sie an?
▶ Woran erkennen Sie, dass Sie Ihr Ziel erreicht haben?
▶ Was erleben Sie, wenn Sie Ihre Fernziele erreicht haben?
▶ Aus welchen Gründen wollen Sie das tun?
▶ Was haben Sie davon, wenn Sie die Ziele erreicht haben?
▶ Steht der Aufwand in einem vernünftigen Verhältnis zum Ergebnis?

ZIELKLARHEIT

Ein klares langfristiges Ziel kann die Glut Ihres inneren Feuers sein, das Sie brauchen, um andere Menschen zu überzeugen.

ZIELKLARHEIT

▶ Wer – außer Ihnen – hat einen Nutzen davon, dass Sie diese Ziele erreichen?

▶ Sind Sie bereit, den Preis für das Erreichen dieser Ziele zu zahlen (materiell und immateriell, also z.B. Geld in Ihre Weiterbildung zu investieren und weniger Zeit für Ihr Privatleben zu haben?)

Formulieren Sie Ihre langfristigen Ziele konkret, in persönlichen und positiven Worten sowie in der Gegenwartsform.

Es hilft, diese Ziele konkret zu formulieren. Und zwar in persönlichen und positiven Worten in der Gegenwartsform. Und so, als seien sie schon Realität. Verstärken Sie die Wirkung, indem Sie auch den Zeitpunkt, die Qualität und die Quantität bestimmen. Für mich als passionierter Segler sieht ein klares Fernziel zum Beispiel folgendermaßen aus:

> *„Im Sommer 2018 bin ich Eigner einer 40 Fuß großen Hallberg-Rassy, Liegeplatz ist Kiel-Olympiahafen, eine Stunde von Hamburg entfernt."*

A^{ktion} Wie sieht Ihr Fernziel aus?

....

....

....

Beschreiben Sie das Ergebnis in lebendigen Einzelheiten.

Beschreiben Sie in lebendigen Einzelheiten das Ergebnis, das Sie erleben werden, wenn Sie das Ziel erreicht haben. Für mich bedeutet das Folgendes:

> *„Die Sonne scheint und es weht ein leichter, warmer Wind. Nach einer angenehmen Autofahrt parke ich meinen Wagen vor der Bootshalle. Ich höre, wie die Wanten an die Masten schlagen, und auf dem Weg zu meinen Liegeplatz komme ich an vielen schönen Schiffen vorbei. Doch ich weiß: Mein Schiff gefällt mir am besten ..."*

Was erleben Sie?   *-Aktion*

....

....

....

Schreiben Sie Gründe auf, warum Sie Ihr Fernziel erreichen wollen. Je mehr Sie finden, umso besser. Denn desto wahrscheinlicher ist es, dass Sie alles in Ihrer Macht Stehende unternehmen, um Ihr Ziel erreichen. Also, warum will ich eine Yacht haben?   *Beschreiben Sie Ihre Gründe.*

1. Nirgendwo geht es mir besser als auf dem Segelboot.
2. Ich liebe den Anblick der weißen Segel und das Platschen des Wassers am Rumpf.
3. ....

Welche Gründe haben Sie für Ihr Ziel?   *-Aktion*

....

....

....

Analysieren Sie jetzt Ihre aktuelle Ausgangsposition und erstellen Sie einen persönlichen Maßnahmeplan: Was werden Sie tun, um dieses Ziel zu erreichen? Z.B.:   *Ausgangsposition und Maßnahmenplan.*

1. Für das nötige Kleingeld will ich in meinem Beruf erfolgreich sein.
2. Ich schreibe ein Buch zum Thema Gesprächsführung, um meine Kompetenz in diesem Bereich zu unterstreichen.

Aktion Was tun Sie für Ihr Ziel?

....

....

....

Zielklarheit bedeutet, sich genau vor Augen zu halten, was Sie wirklich erreichen möchten. Die Yacht vor Augen hilft mir, mich auch an den Abenden und am Wochenende hinzusetzen, um weitere Kapitel zu schreiben. Welches Fernziel haben Sie? Bitte nehmen Sie sich Papier und Stift und schreiben Sie Ihre Gedanken zu den Fragen dieses Kapitels auf.

Das klare Fernziel macht Sie gelassener bei kurzfristigen Rückschlägen.

Das klare Fernziel hilft Ihnen auch, mit dem ganz normalen Alltagsstress, mit Enttäuschungen und Rückschlägen umzugehen.

Machen Sie das Finden eines langfristigen Ziels zu Ihrem Nahziel.

Wenn Sie trotz guter Absichten kein Fernziel für sich entdecken können, dann sollte das Finden eines solchen Fernziels für Sie Nahziel Nummer 1 sein. Und bitte kommen Sie jetzt nicht in Stress. Fragen nach einem Fernziel sind fast immer auch philosophische Fragen danach, was wir in unserem Leben und mit unserem Leben eigentlich anfangen wollen. Denken Sie doch einmal darüber nach, beim nächsten Spaziergang oder Saunabesuch. (Und wenn das für Sie jetzt nicht der richtige Zeitpunkt ist, dann machen Sie einfach weiter mit Zielebene II, S. 83.)

Wege zur Bestimmung beruflicher Fernziele.

Definieren Sie auch berufliche Fernziele. Dabei helfen Ihnen folgende Fragen:

▶ Was ist Ihr berufliches Ziel?

▶ Aus welchen Gründen wollen Sie dieses Ziel erreichen?

- ▶ Welche Kompetenzen und Kontakte brauchen Sie dazu und wie wollen Sie diese erwerben?
- ▶ Wie viel Verantwortung wollen Sie tragen – und sind Sie bereit, den Preis dafür zu zahlen?

___ZIELKLARHEIT

3. Zielebene II: Gesprächsziele

Zielebene II meint die Ziele, die Sie sich für ein ganz konkretes Gespräch setzen. Auch hier hilft es wieder, Ziele konkret zu formulieren. Bitte beantworten Sie sich vor einem Gespräch folgende Fragen (Die Kriterien bleiben die gleichen wie die unter Zielebene I – lediglich der Zeithorizont verändert sich.).

- ▶ Was ist mein Ziel in diesem Gespräch?
- ▶ Aus welchen Gründen will ich dieses Ziel erreichen?
- ▶ Welchen Nutzen hat mein Gesprächspartner von dem Ziel?
- ▶ Woran erkenne ich, dass ich/wir das Ziel erreicht haben?

Gesprächsziel-Check:

- Mein Gesprächsziel?
- Begründung?
- Der/die Nutzen für meinen Gesprächspartner?
- Woran messe ich, ob das Ziel erreicht wurde?

Vergleichen Sie doch einmal folgende zwei Varianten:

Variante A:
„Ich möchte nicht mehr so viel arbeiten."

Und **Variante B**:
„Im Laufe des nächsten Quartals reduziere ich meine Wochenarbeitszeit von 5 auf 4 Tage – um mehr Zeit mit meinen Kindern zu verbringen und um mehr Zeit für mich zu haben. Gleich morgen besorge ich mir einen Termin bei meinem Vorgesetzten, um mit ihm gemeinsam Wege zum Umsetzen meines Ziels zu finden."

ZIELKLARHEIT

Spüren Sie den Unterschied? Von Variante B geht deutlich mehr Kraft aus. Warum? Weil das Ziel konkret ist, eine Motivation benennt und der Wille zum Durchsetzen spürbar ist.

Oder wie ist es hiermit:

> „Ich will mehr Geld verdienen."

Aha. Wer will das eigentlich nicht!? Aber: Was heißt denn mehr? 50, 500 oder 5.000 Euro? Wozu brauchen Sie das Geld, was wollen Sie damit machen? Muss es unbedingt mehr Geld sein? Ist ein Firmenwagen oder eine personelle Verstärkung im Team auch eine Option?

Wenn Sie in ein Gehaltsgespräch mit dem Ziel hineingehen, mehr Geld verdienen zu wollen, haben Sie nicht sonderlich viel Spielraum (und Ihr Gesprächspartner auch nicht!). Und was machen Sie, wenn Ihr Vorgesetzter „Nein" sagt?

Spielraum zulassen: Ein Gesprächsziel kann sich innerhalb definierter Toleranzen bewegen.

Zielklarheit muss nicht eine auf den Punkt zugespitzte Forderung sein (5.000 Euro und keinen Cent weniger) – sondern kann auch eine für Sie bestmögliche Toleranz bezeichnen:

> „Ich möchte, dass meine Leistung, die über das hinausgeht, was wir im letzten Zielvereinbarungsgespräch verabredet haben, honoriert wird. Eine Wertschätzung, die sich nicht nur in einem Schulterklopfen, sondern monetär oder in Urlaubstagen oder in konkreten Zusatzleistungen oder in einem Mix aus allen drei Möglichkeiten ausdrückt. Dafür werde ich weiterhin neue und große Aufträge für die Unternehmung akquirieren."

Oder neutraler:

> „Ich möchte mit Ihnen über die Entwicklung meiner Arbeit und die Bewertung meiner Leistung reden."

Haben Sie gerade ein aktuelles Gesprächsziel im Visier? Dann versuchen Sie jetzt doch einmal, es möglichst zielklar zu formulieren.

-Aktion

....

....

....

Und auf dem Weg dahin helfen Affirmationen, das ständige und laute Wiederholen von positiven Sätzen, um ihren Ziel-Muskel zu stärken, zum Beispiel: „Ich erreiche meine selbstgesteckten Ziele." Das ist ein starker Rückenwind für mehr Standing in Gesprächen.

Selbstmotivation für mehr Standing in Gesprächen.

Und je nach Wichtigkeit des Gesprächs kann es nötig sein, vor der eigenen Zielformulierung zu checken, wie Sie zu Ihrem Gesprächspartner stehen und was Sie über ihn und seine Interessen wissen. Ferner, ob Sie wirklich „im Thema" sind, „im Thema" sein müssen und wozu Sie noch Vorbereitungszeit investieren sollten. Die für diese Punkte wichtigsten Fragen finden Sie in der Checkliste auf Seite 91.

Je wichtiger das Gespräch, desto genauer sollten Sie die andere Seite analysieren.

4. Ziele überprüfen

Das klappt am besten, indem Sie sich vorstellen, Sie hätten Ihr Ziel bereits erreicht. Nehmen wir einmal das Beispiel: *„Ich möchte nicht mehr soviel arbeiten, um mehr Zeit mit meinen Kindern zu verbringen"*. Stellen Sie sich jetzt vor, wie sich ihr Alltag verändert, wenn Sie dieses Ziel erreicht haben. Zwei vereinfachte Szenarien könnten dann so aussehen:

Schauen Sie in die Zukunft: Stellen Sie sich vor, was passiert, wenn Sie Ihr Ziel erreicht haben?

ZIELKLARHEIT

Sie sehen sich, wie Sie mit ihren Kindern Ausflüge unternehmen oder ihnen Geschichten vorlesen, und sie denken:

„*Ja, genau das will ich*".

Oder:

In Ihrer Fantasie werden Sie zum Fahrdienst ihrer Kinder und müssen einen Streit nach dem anderen schlichten. Sie erkennen: *„Nein, bloß das nicht"* und basteln lieber weiter an Ihrer Karriere.

In diesem Fall ist es Zeit für ein neues Ziel. Machen Sie nun den gleichen Ziel-Check mit Ihrem neuen Ziel.

Die Chancen für die Zielerreichung steigen, wenn der Gesprächspartner und Ihre Umwelt auch einen Nutzen davon haben.

Weitere Fragen, mit denen Sie Ihre Ziele überprüfen können:

▶ Bringt Sie dieses Ziel Ihrem Fernziel näher?

▶ Was verändert sich für Ihren Gesprächspartner, wenn Sie Ihr Ziel erreichen – und welchen Nutzen hat er davon?

▶ Welche Konsequenzen hat dieses Ziel für die anderen Menschen, die davon betroffen sind – überwiegt der Nutzen oder entstehen mehr Nach- als Vorteile?

▶ Sind Sie bereit die Konsequenzen zu tragen, die sich ergeben, wenn Sie Ihr Ziel erreichen?

5. Rollenspiel: Zielklarheit in der Praxis

(Die Beschreibung des Eingangsszenarios zu diesem Rollenspiel finden Sie auf Seite 14)

ZIELKLARHEIT

Zur weiteren Veranschaulichung werfen wir jetzt einen Blick auf die Protagonisten unseres Musterrollenspiels:

Für Claus Controlé geht es als Führungskraft darum:

▶ die Kundenreklamationen auf Null zu fahren

▶ Siegfried Spieler wieder zu alter Klasse zurückfinden zu lassen

▶ die Stimmung im Team zu verbessern

Das sind also drei Ziele, mit denen er in das Gespräch hineingeht. Und er tut gut daran, sich diese Ziele zu notieren. Noch besser, er macht sich zudem die Gründe für seine Ziele bewusst:

▶ Die Kundenreklamationen auf Null fahren, weil:
  – das ein festgesetztes Firmenziel ist und
  – die Kundenunzufriedenheit letztlich auch ihm angelastet wird
  – er die dafür ausgeschriebene Prämie kassieren will
  – …

▶ Siegfried Spieler wieder zu alter Klasse zurückfinden zu lassen, weil:
  – er nur mit Top-Leuten sein oben beschriebenes Ziel erreichen kann
  – Siegfried Spieler ihm sympathisch ist und er ihn gerne unterstützen möchte
  – er von seinem Führungsverständnis her ein Coach für seine Mitarbeiter sein möchte
  – …

*R*ollenspiel

ZIELKLARHEIT

▶ Die Stimmung im Team zu verbessern, weil:
   - alle darunter leiden, wenn einer fehlerhaft arbeitet
   - er Spaß daran hat, wenn seine Leute gut draufkommen
   - ...

Siegfried Spieler ahnt nichts Gutes. Das aktuelle Protokoll ist außergewöhnlich schwierig, die Freude nach seiner Krankheits-Rückkehr schien verhalten. Eben hat seine Bank eine neue Katastrophenmeldung auf dem Handy durchgegeben. Ob er dem neuen Chef davon was erzählen soll – das kommt ganz auf die Stimmung an.

▶ Ziel Nr. 1 ist, so tun, als sei alles in Ordnung, weil:
   - er genug mit seinen privaten Sorgen zu tun hat
   - er noch nicht weiß, ob der Chef auf seiner Seite steht, und auch nicht, wie der überhaupt mit solchen Dingen umgeht
   - er ungern als jemand dastehen möchte, der fehlerhafte Protokolle verfasst hat

▶ Ziel Nummer 2 ist es, herauszufinden, ob und wieweit er Herrn Controlé vertrauen kann, weil:
   - seine Offenheit damit zu- oder abnimmt
   - davon vielleicht auch seine berufliche Zukunft in diesem Unternehmen abhängt

6. FAQs zu Zielklarheit

Ich habe keine Zeit, mir vor einem Gespräch meine Ziele zu überlegen.

▶ Dann nehmen Sie sich diese Zeit zu Beginn des Gesprächs gemeinsam mit Ihrem Gesprächspartner:
„Bevor wir jetzt inhaltlich in die Materie eintauchen, lassen Sie uns ein gemeinsames Ziel für dieses Gespräch definieren."
Oder:
„Lassen Sie uns kurz überlegen, was am Ende unseres Gesprächs herauskommen soll."

▶ Grundsätzlich nehmen wir die Aussage *„Ich habe keine Zeit"* sehr ernst. Weil wir den enormen Zeitdruck in den Firmen aus eigener Erfahrung kennen. Und dennoch: Auf klare Ziele zu verzichten heißt auf Überzeugungskraft zu verzichten.

Wenn in ihrem Auto die Ölkontroll-Leuchte „Anhalten" signalisiert – fahren Sie dann weiter?

Wenn Ihr Laptop anzeigt: *„Wechseln Sie sofort die Energiequelle, da sonst mit Datenverlust zu rechnen ist!"* – Ignorieren Sie das? Wohl kaum. Ähnliche Alarmsignale sollten Ihre Aufmerksamkeit wecken, wenn Sie ohne Ziel in ein Gespräch hineingehen. Denn die Folgen wäre auf Dauer ähnlich dramatisch.

▶ *„Und wenn das Gespräch ausschließlich der Beziehungspflege dient?"* – mögen Sie jetzt einwenden. Das ist doch aber ein ganz wunderbares Ziel.

Das ist mir alles viel zu kompliziert – geht das nicht einfacher?

▶ Ja. Fragen Sie sich einfach, was Sie erreichen wollen – und dann los!

ZIELKLARHEIT

- Oder: Arbeiten Sie ohne Ziele weiter – und bezahlen Sie den Preis dafür.

ZIELKLARHEIT

In unserer Firma ändern sich die Zielvorgaben laufend – da komme ich gar nicht mehr nach.

- Weisen Sie Ihre Vorgesetzten darauf hin, in welche Schwierigkeiten Sie dadurch kommen und welche Konsequenzen dadurch entstehen können. Vielleicht werden Sie mit klar formulierten Zielen auf Zielebene I ja zum Fels in der Brandung.

Ich weiß gar nicht, wie ich meine beruflichen, privaten und sonstigen Ziele unter einen Hut kriegen soll – die Familie will dieses, der Job fordert jenes.

- Selbstmanagement-Profis wie Thomas Nierth oder Karlheinz Geißler (siehe Literatur-Liste) definieren die qualitative Ausgewogenheit zwischen den vier Lebensbereichen *Ich, Familie/Partnerschaft, Beruf* sowie *Freunde/Sozialkontakte* als Grundlage für den beruflichen Erfolg.

Klären Sie als Erstes, welche Werte Ihrem Leben Bedeutung und Sinn geben und was Sie am stärksten motiviert. Damit haben Sie automatisch Prioritäten, an denen Sie Ihr Handeln und Ihre Entscheidungen ausrichten können. Machen Sie sich bewusst, dass alle vier Bereiche von Bedeutung sind. So können Sie den Erfolg im Beruf nicht genießen, wenn Sie auf dem Weg dahin Ihre Gesundheit (Lebensbereich Ich) ruiniert haben. Es liegt in Ihrer Hand, die einzelnen Lebensbereiche zu stärken und sie miteinander in Balance zu bringen sowie zu halten.

Das ist kein Kinderspiel und auch sicher nicht von heute auf morgen zu lösen – aber ein lohnender Weg.

7. Checkliste

▶ Was ist der Anlass des Gesprächs?

  ....
  ....

▶ Was ist Ihr Ziel/sind Ihre Ziele?

  1. ....
  2. ....
  3. ....

▶ Aus welchen Gründen verfolgen Sie diese Ziele?

  a) ....
  b) ....
  c) ....
  d) ....
  e) ....

▶ Welche übergeordneten Ziele der Organisation müssen Sie berücksichtigen?

  1. ....
  2. ....
  3. ....

▶ Woran erkennen Sie, dass Sie Ihre Ziele erreicht haben?

  ....
  ....
  ....

Check

Checkliste

▶ Welche Ziele hat Ihr Gegenüber?

....
....
....

▶ Welche Interessen stehen dahinter – für ihn, sein Team, seinen Bereich, seine Organisation?

....
....
....

▶ Wo gibt es Schnittmengen?

....
....
....

▶ An welchen Stellen müssen Sie und Ihr Gesprächspartner sich mit zu erwartenden Differenzen auseinander setzen?

....
....
....

▶ Auf welchen alternativen Wegen und mit welchen alternativen Gesprächspartnern könnten Sie (und auch Ihr Gegenüber) ihre Ziele noch erreichen?

....
....
....

8. Das Wichtigste in Kürze

▶ Unterscheiden Sie zwischen lang- und mittelfristigen Zielen (Zielebene I) sowie konkreten und kurzfristigen Gesprächszielen (Zielebene II). Das klare langfristige Ziel macht Sie gelassener im Umgang mit Rückschlägen bei kurzfristigen Zielen.

▶ Wenn Sie kein langfristiges Ziel haben, machen Sie das Finden eines solches Ziels zu Ihrem Nahziel.

▶ Motivierende und kraftvolle Ziele auf Zielebene I strahlen auf Ihren Gesprächspartner ab – und nehmen Ihnen dadurch Argumentationsarbeit ab.

▶ Je mehr Gründe Sie für Ihr Ziel haben, desto stärker engagieren Sie sich dafür.

▶ Die Chancen für Ihre Zielerreichung steigen, wenn Ihr Gesprächspartner auch einen Nutzen davon hat.

▶ Je wichtiger das Gespräch, desto genauer sollten Sie die andere Seite analysieren.

ZIELKLARHEIT

ZIELKLARHEIT

9. Trainings-Tipps zu Zielklarheit

Erläutern Sie am Beispiel Gehaltsverhandlungen, wie wichtig es ist, ein Ziel zu haben: Mit dem Anliegen *„Könnte ich nicht eventuell ein wenig mehr verdienen?"* machen Sie es Ihrem Gesprächspartner leicht, das Gespräch nach zwei Minuten mit der Antwort „Nein" zu beenden.

Lassen Sie die Teilnehmer in Einzelarbeit Fernziele entwickeln (20 Min.) und diese anschließend in Dreiergruppen vorstellen (6 Min.).

Fragen Sie Ihre Teilnehmer oder Ihre Mitarbeiter, welches persönliche Hauptziel sie in dieser Veranstaltung verfolgen. Und bitten Sie sie dann, mindestens fünf Gründe für das Erreichen dieses Ziels zu finden.

Gehen Sie weiter mit Das Wichtigste in Kürze, S. 93. Betonen Sie, wie wichtig es ist, möglichst viele Gründe für das Erreichen eines Ziels zu haben. Und gehen Sie die Checkliste auf S. 91 einmal an einem konkreten Gesprächsbeispiel durch.
(Dauer für das Gesprächsbeispiel: ca. 10 Min.)

Die Fragen *„Ist das Ziel deutlich gemacht und verstanden worden?"* und *„Haben die Gesprächspartner ihre Ziele erreicht?"* gehören zu den Kernfragen beim Reflektieren der Rollenspiele oder tatsächlicher Gespräche. Hinweise zur Einleitung und Durchführung von Rollenspielen inkl. Kernfragen zur Reflexion finden Sie in der Einleitung auf Seite 15 ff.
(Dauer für das Rollenspiel: ca. 10 Min.; Reflexion: ca. 30 Min.)

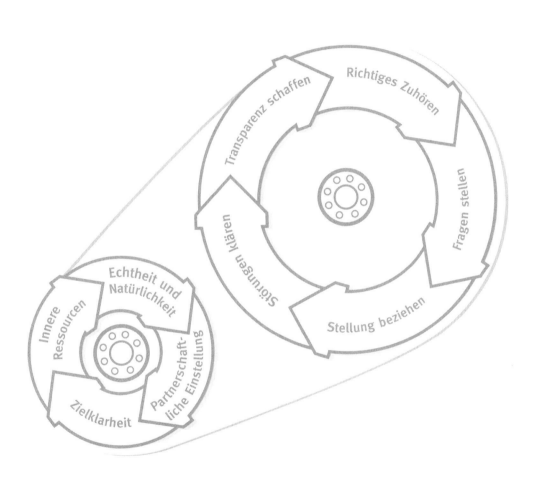

Teil II:

Kommunikative Kompetenzen – Handwerkszeug für professionelle Gesprächsführung

1. Transparenz schaffen:
   Effizient strukturieren und Absprachen treffen 97

2. Richtiges Zuhören:
   Ihr Schlüssel für den direkten Dialog 121

3. Fragen stellen:
   So lenken Sie das Gespräch in eine
   konstruktive Richtung 143

4. Stellung beziehen:
   Wie Sie Ihre Meinung auf den Punkt genau
   formulieren 167

5. Störungen klären:
   Know-how gegen das Grummeln im Magen 211

Setzen Sie sich in den nächsten fünf Kapiteln mit den Kompetenzen für eine erfolgreiche Gesprächsführung auseinander und erfahren Sie:

▶ Wie Sie den roten Faden behalten und zu verbindlichen Absprachen kommen

▶ Wie Sie durch genaues Zuhören und versiertes Fragen die Interessen und Motive Ihrer Gesprächspartner erforschen können

▶ Wie Ihnen wirksame Argumentationstools helfen, Ihre Meinung auf den Punkt genau zu formulieren

▶ Wie Sie Störungen aller Art in Gesprächen bereinigen, anstatt das Grummeln im Magen zu pflegen

1. Transparenz schaffen: Effizient strukturieren und Absprachen treffen

*„Das Schwierige an vielen Gesprächspartnern ist,
dass sie weder sagen, worüber sie reden, noch,
was sie damit im Schilde führen."*

Leidvolle Alltagserfahrung

Darum geht's:

Es geht um den berüchtigten roten Faden im Gespräch: Wie Sie ihn entwickeln, behalten und wiederfinden, falls er mal verloren geht. Sie erfahren, wie Sie Ihre Gespräche effizient strukturieren, und lernen dazu ein wirkungsvolles und erprobtes Modell zur Gesprächsstrukturierung kennen. Es geht auch um qualitativ gute Absprachen zwischen Ihnen und Ihren Gesprächspartnern und um die Frage, wann Sie schwierige Themen ansprechen sollten.

Das ist Ihr Nutzen:

▶ Sie erreichen qualitativ hochwertige Gesprächsergebnisse.

▶ Sie erlernen das Handwerkszeug, um sich als professioneller Gesprächsführer zu etablieren.

▶ Sie wissen, wie Sie Ihre Gespräche strukturieren – ohne dabei den natürlichen Gesprächsfluss außer Acht zu lassen.

▶ Sie finden den roten Faden wieder – falls er mal verlorengeht.

▶ Durch einen Erwartungsabgleich zu Beginn des Gesprächs verringern Sie unangenehme Überraschungen während des Gesprächs.

▶ Sie sprechen schwierige Themen direkt an und machen den Weg frei für konstruktive Problemlösungen.

Aufbau des Kapitels:

1. Verlaufsmodell strukturierter Gespräche 98
2. Phase 0: Vorbereiten und Einladen 100
3. Phase 1: Warm-up und Transparenz 100
4. Phase 2: Kernphase 102
5. Phase 3: Reflexion und Cool-down 107
6. Phase 4: Nachbereiten 108
7. Rollenspiel: Transparenz schaffen in der Praxis 109
8. FAQs zu Transparenz schaffen 112
9. Checkliste 115
10. Das Wichtigste in Kürze 117
11. Trainings-Tipps zu Transparenz schaffen 118

Gesprächs-Phasen:

0: Vorbereitung
1: Warm-up
2: Kernphase
3: Reflexion und Cool-down
4: Nachbereitung

1. Verlaufsmodell strukturierter Gespräche

Stellen Sie sich bitte vor, dass ein gutes Gespräch wie ein gutes Essen verläuft: Auf Einladung, Aperitif und Vorspeise folgen Hauptgang und Dessert. Aperitif und Vorspeise sind im Gespräch Warm-up und Transparenz, der Hauptgang ist die Kernphase und das Dessert wird zu Reflexion und Cool-down. Und was nach einem guten Essen der entspannte Spaziergang – ist nach einem wichtigen Gespräch die Nachbereitung.

In einem Modell zusammengefasst, sieht das so aus:

Das Verlaufsmodell:

Phase	Was gehört da rein?
0: Vorbereiten und Einladen	▶ Wer, Was und Warum? ▶ Wo und Wann? ▶ Daten und Texte zur Vorbereitung
1: Warm-up und Transparenz	▶ Begrüßen, Vorstellen ▶ Wer sitzt wo? ▶ Kaffee, Wasser, etc. ▶ Smalltalk ▶ Themen, Ziele, Erwartungen, Zeit ▶ Einverstanden?
2: Kernphase	▶ Themen ausbreiten und strukturieren, Kritisches sofort auf den Tisch ▶ Informationen generieren ▶ Hintergründe und Motive beleuchten ▶ Lösungsoptionen entwickeln und bewerten ▶ Entscheiden und Absprachen treffen: Wer macht was mit wem bis wann?
3: Reflexion und Cool-down	▶ Qualität der Absprachen überprüfen ▶ Ergebnis und Verlauf reflektieren ▶ Ausschau halten nach Verbesserungsmöglichkeiten für das nächste Gespräch ▶ Small Talk
4: Nachbereiten	▶ Waren Sie mit sich und Ihrer Gesprächsführung zufrieden? Was hat gut geklappt, was nicht? ▶ Was verändern Sie beim nächsten Mal?

Nutzen Sie dieses Modell, um Gespräche vorzubereiten, den roten Faden zu planen und ihn zu behalten. Vergessen Sie dabei bitte nicht: Modelle sind idealtypisierte Verläufe, die zur Orientierung dienen, die die natürliche Gesprächsdynamik jedoch niemals ersticken sollten.

2. Phase 0: Vorbereiten und Einladen

TRANSPARENZ SCHAFFEN

In Phase 0 unterscheiden wir die innere und die äußere Vorbereitung.

Innere und äußere Vorbereitung.

Zur inneren Vorbereitung gehören die Punkte, die wir im ersten Teil dieses Buches abgehandelt haben: Eigene Ressourcen aktivieren, einen guten Selbstkontakt finden, Einstimmen auf den Gesprächspartner und sich klar werden über die eigenen Ziele. Lesen Sie vor wichtigen Gesprächen auch im Abschnitt Stellung beziehen die Checkliste auf S. 204 sowie Optionen entwickeln, S. 190.

Zur äußeren Vorbereitung gehören über die im Kapitel Zielklarheit genannten Aspekte hinaus Fragen wie

▶ Wie viel Zeit haben und geben Sie dem Gespräch – wann ist ein günstiger Zeitpunkt für das Gespräch?

▶ Welche Informationen brauchen Sie und Ihr Gesprächspartner zur Vorbereitung auf das Gespräch?

▶ In welchen Punkten streben Sie konkrete Absprachen an und welche Termine müssen Sie unbedingt einhalten?

3. Phase 1: Warm-up und Transparenz

Achtung: Small Talk muss passen, sonst wirkt es aufgesetzt.

In der Warm-up-Phase bauen Sie eine Beziehung zu Ihrem Gesprächspartner auf. Typisch ist hier das „Wie geht's?", die Frage nach der Anreise, dem Urlaub oder auch der Bezug zu einer aktuellen Zeitungsmeldung. Meine Meinung ist: Small Talk muss passen, sonst wirkt es aufgesetzt und Ihr Gesprächspartner denkt: „Auf welchem Seminar ist der denn gerade gewesen." Wenn das Thema drängt, Sie oder Ihr Gesprächspartner auf heißen Kohlen sitzen, macht es keinen Sinn, zwanghaft ein unverfängliches Thema zu strapazieren. Sinn macht es aber unbedingt, Ihrem Gesprächspartner Ihre Wertschätzung auszudrücken. Und das geht auch über ein herzliches Aufeinander-Zugehen, über offenen Blickkontakt, den ehrlichen Händedruck u.Ä. Den Small Talk können Sie dann auch am Ende des Gesprächs nachholen.

Transparenz schaffen Sie am schnellsten mit den drei Transparenzschaffern:

▶ Worum geht's?
▶ Was ist Ihr Ziel?
▶ Und wie viel Zeit nehmen Sie sich?

Diese drei Punkte sollten Sie vor und in jedem Gespräch klären. Egal ob es zwei Stunden dauert oder fünf Minuten. Und wenn Sie dann noch zu Beginn des Gesprächs sagen, welche Erwartungen Sie an Ihren Gesprächspartner haben, verhindern Sie, was in vielen Gesprächen leider erst am Ende deutlich wird: Sie sind beide von zwei völlig unterschiedlichen Zielvorstellungen ausgegangen.

TRANSPARENZ SCHAFFEN

Die drei Transparenzschaffer:

- Thema?
- Ziel?
- Zeitbudget?

Schaffen Sie doch jetzt einmal Transparenz für Ihr nächstes Gespräch: —*A*^ktion

▶ Worum geht's?

....

▶ Was ist Ihr Ziel?

....

▶ Und Ihr Zeitbudget?

....

TRANSPARENZ SCHAFFEN

Tipp

Sprechen Sie Schwieriges am besten sofort an.

Mit den drei Transparenzschaffern geben Sie sich und Ihrem Gesprächspartner die Möglichkeit, den roten Faden des Gesprächs zu halten und ihn schnell wiederzufinden, falls er mal verloren geht.

Holen Sie sich von Ihrem Gesprächspartner das Okay zu diesen drei Punkten: „Einverstanden?" Fragen Sie ihn auch, ob von seiner Seite aus noch weitere Themen hinzukommen.

Und noch etwas: Wenn es ein kritisches Thema gibt oder Ihnen etwas auf dem Herzen liegt, sprechen Sie es gleich an. Dann weiß Ihr Gegenüber gleich, was los ist, und kann darauf direkt und erwachsen reagieren. Das ist besser als ein umständliches „Um-den-heißen-Brei-Reden", nach dem Motto: „Na, gab's denn in letzter Zeit aus Ihrer Sicht irgendetwas Besonderes, vielleicht auch etwas, das nicht so gut geklappt hat?"

4. Phase 2: Kernphase

Jetzt sind Sie beim Hauptgang des Menüs angelangt: Ihr Gesprächsthema liegt auf dem Tisch, nun wird es zerkleinert, gewürzt und in den passenden Happen aufgenommen.

Strukturieren, Optionen entwickeln, Absprachen treffen.

Im Folgenden konzentrieren wir uns auf eher formale Kompetenzen: Strukturieren, Optionen entwickeln und Absprachen treffen.

Zum inhaltlichen Vertiefen, um mehr über die Hintergründe und Motive Ihres Gesprächspartners in Erfahrung zu bringen und auch beim Suchen nach Verhaltens-Verstärkern oder Verhaltens-Veränderern brauchen Sie Kompetenzen im Zuhören und Fragen stellen, im Argumentieren sowie im Störungen klären. Das lernen Sie in den nächsten Kapiteln dieses Buches.

▶ Gespräche strukturieren

Als Gesprächsleiter haben Sie neben der Rolle, die Sie ohnehin schon innehaben (Vorgesetzter, Mitarbeiter, Projektleiter, fachlicher Experte, etc.) eine weitere Rolle: Die des Strukturierers oder Moderators. Ihre Funktion ist es, den Weg freizuräumen für ein gutes Gesprächsergebnis. Folgende Jobs kommen da auf Sie zu:

> **TRANSPARENZ SCHAFFEN**

- ▶ Thema, Ziel und Zeit im Auge behalten
- ▶ Orientierung im Gespräch geben (Wo sind wir gerade?)
- ▶ Wichtige Teilergebnisse und Absprachen festhalten

Das alles klappt am besten, indem Sie die wichtigsten Punkte visualisieren oder symbolisieren: Schreiben Sie die Themen und die Ziele – Zwischenergebnisse und Absprachen – auf ein Blatt Papier, Post-Its oder auf ein Flipchart. Worauf Sie schreiben, ist im Grunde egal – wichtig ist nur: Sie und Ihr Gesprächspartner können es sehen und lesen.

Halten Sie die wichtigsten Punkte schriftlich fest.

Bei mehreren Themen behandeln Sie eines nach dem anderen. Praktisch sieht das dann so aus, das Sie Thema für Thema die Kernphase durchlaufen, also Informationen generieren, die Hintergründe und Motive beleuchten, Lösungsoptionen entwickeln und Absprachen treffen.

Wenn Sie mehrere Themen zu besprechen haben, trennen Sie diese voneinander.

Das Trennen der Themen ist wichtig, um ein Verlaufen im Themendschungel zu vermeiden.

Wenn Sie oder Ihr Gesprächspartner abschweifen („*Oha – wo waren wir gerade?*"), verweisen Sie auf das visualisierte Thema oder auch auf das visualisierte Ziel, so können Sie schnell wieder Ihren roten Faden aufnehmen. Handeln Sie genauso, wenn Sie nur ein Thema behandeln.

TRANSPARENZ SCHAFFEN

Halten Sie auch wichtige Zwischenergebnisse fest, nach dem Motto:
„Damit unsere bisherigen Argumente nicht verloren gehen, halte ich mal folgendes Zwischenergebnis fest …"
Oder auch:
„Wie können wir zusammenfassen, was wir bisher gesagt haben – wir sollten in ca. zehn Minuten zu einer verbindlichen Absprache kommen."

Bei Uneinigkeit zunächst die verschiedenen Meinungen transparent machen – erst dann weiter und tiefer argumentieren.

Bitte nutzen Sie Moderieren und Strukturieren nicht dazu, Ihre eigene Meinung durchzuboxen. Das merken Ihre Gesprächspartner sofort – und damit haben Sie Ihre Glaubwürdigkeit verloren. Wenn es konträre Meinungen gibt, machen Sie diese transparent und überzeugen Sie anschließend inhaltlich und mit Argumenten.

▶ Optionen entwickeln

Stürzen Sie sich bei komplexen Themen nicht sofort auf die erstbeste Lösung. Optionen können Sie mit Kreativitätstechniken entwickeln.

Gute Gesprächsergebnisse kommen häufig nicht zu Stande, weil die Gesprächspartner in erster Linie schnelle Lösungen suchen – ohne das Problem richtig verstanden und weitere Optionen geprüft zu haben. Wenn Sie also ein kniffliges Thema haben oder ein herausforderndes Problem, nehmen Sie sich die Zeit, um verschiedene Optionen zu prüfen. Idealerweise läuft dieser Prozess wie folgt:

1. Beide Gesprächspartner benennen offen ihre Interessen

2. Jede Seite versucht, die Argumente und Probleme der anderen Seite zu verstehen

3. Ist eine prompte Lösung nicht möglich, verzichten beide Seiten auf eine schnelle Lösungsfindung

4. Gemeinsam werden alternative Lösungen generiert – zum Beispiel per Brainstorm
   (*Brainstorm* heißt wörtlich übersetzt *Gedan-*

kensturm und bedeutet hier: möglichst viele Lösungsgedanken/-ideen sammeln, ohne sie zu bewerten; Verrücktheiten sind erwünscht)

5. Beide Seiten bewerten die Lösungen und wählen eine Lösung aus

6. Beide Gesprächspartner verabreden eine verbindliche Absprache

Ein konkretes Beispiel für diesen Prozess finden Sie im Rollenspiel auf den Seiten 109 ff.

TRANSPARENZ SCHAFFEN

▶ **Absprachen treffen**

Halten Sie eine To-Do-Liste oder einen Maßnahmenplan (Wer macht was mit wem bis wann) bereit und schreiben Sie nötige und verabredete Handlungen klar und verbindlich fest – so verhindern Sie ein Verbleiben bei den guten Absichten und erreichen ein hohes Maß an Verbindlichkeit.

Verbindliche Absprachen treffen mithilfe von To-Do-Liste und Maßnahmenplan.

Absprachen treffen kann so aussehen:
„Schön, dass wir uns auf Plan B geeinigt haben. Das bedeutet dann, dass Sie in den nächsten vier Wochen die besprochenen Zahlen aufbereiten. Und wir werden die Interviews mit den verabredeten Fragen bei unseren Kunden durchführen."

Oder auch so:
„Ich freue mich, dass wir so offen miteinander reden konnten. Ich habe für mich jetzt folgendes Gesprächsergebnis festgehalten. Bei den folgenden Punkten haben wir eine Lösung gefunden:

1. ....

2. ....

TRANSPARENZ SCHAFFEN

Und dann gibt es da noch zwei Themen, zu denen Sie erst weitere Informationen einholen wollen.

3. ....

4. ....

Wann können wir uns da wieder zusammensetzen?"

Aber Vorsicht:

Achtung: Vermeiden Sie künstliche Pseudolösungen.

Absprachen treffen heißt nicht, Einigungen und Lösungen herbeireden, wo noch gar keine sind. Da ist es allemal besser, dies offen anzusprechen, als künstlich eine Pseudolösung aus dem Hut zu zaubern. Da ist die folgende Lösung besser:

„Ich merke gerade, dass die Zeit, die wir für unser Gespräch verabredet hatten, in fünf Minuten um ist. Unser Gesprächsziel haben wir leider noch nicht erreicht – dennoch: Mir ist ein qualitativ gutes Ergebnis lieber, als ein in der Eile herbeigeredetes. Lassen Sie uns deswegen einen zweiten Termin finden und überlegen, was wir tun müssen, um bei diesem Gespräch dann zu einer verbindlichen Verabredung hinsichtlich Zahlen und Kunden zu kommen."

▶ Qualität der Absprache/Lösung überprüfen

Prüfen Sie Ihre Absprachen hinsichtlich Nachhaltigkeit und Qualität.

Handelt es sich nicht gerade um einen Feuerwehreinsatz, kommt es darauf an, qualitativ hochwertige und möglichst dauerhafte Lösungen zu finden. Wenn Sie also eine Lösung entwickelt haben, checken Sie diese noch mal ab. Ist es wirklich eine qualitativ gute Lösung?

Besonders im ganz normalen Alltagsstress besteht die Gefahr, die erstbeste und schnell von allen als logisch angesehene Lösung festzuschreiben. Nur, ob es eine wirklich gute und langfristige Lösung ist, das wird selten abgeprüft. Dabei ist das mit einer in die Zukunft gerichteten Frage schnell abgeprüft:

> „Nehmen wir doch einmal an, dass wir all das realisiert haben, was wir soeben beschlossen haben. Sind denn damit alle Störquellen ausgeschaltet – oder haben wir bestimmte Faktoren außer Acht gelassen?"

TRANSPARENZ SCHAFFEN

5. Phase 3: Reflexion und Cool-down

Der Schluss bietet dann die Chance, noch einmal gemeinsam darüber zu reflektieren, wie man das Gespräch erlebt hat:

> „Sind Sie zufrieden mit dem Verlauf und den Ergebnissen?"
> „Und was können wir tun, um es beim nächsten Mal zu verbessern?"

Möglicherweise stellen Sie hier fest, dass Ihr Gesprächspartner mehr Informationen für die Vorbereitung gebraucht hätte – und können diese Information gleich bei der Vorbereitung des nächsten Meetings berücksichtigen.

Auch möglich: Wechseln Sie noch einige persönliche Worte. Das macht besonders dann Spaß, wenn Sie ein gutes Gesprächsergebnis erreicht haben. Und ist an dieser Stelle auch passender als unter Zeitdruck zu Beginn des Gesprächs. Ein guter Ausstieg legt den Grundstein für einen vortrefflichen Einstieg ins nächste Gespräch – denn daran wird sich Ihr Gesprächspartner schon bei der Vorbereitung für Ihr nächstes Zusammentreffen erinnern.

Ein guter Ausstieg ist der Grundstein für einen vortrefflichen künftigen Einstieg.

6. Phase 4: Nachbereiten

TRANSPARENZ SCHAFFEN

Reflektieren Sie regelmäßig Ihr Gesprächsverhalten.

Nehmen Sie sich hierfür eine ruhige Viertelstunde. Gehen Sie das Gespräch anhand des Phasenmodells noch einmal in Gedanken durch – und gönnen Sie sich einen persönlichen Verbesserungsprozess: Haben Sie Ihre Ziele erreicht? Was hat gut, was nicht so gut geklappt? An welchen Punkten wollen Sie ganz konkret arbeiten, um Ihre Gesprächskompetenz zu verbessern? Und klopfen Sie sich auf die Schultern, wenn Sie mit sich zufrieden sind.

7. Rollenspiel:
Transparenz schaffen in der Praxis

(Die Beschreibung des Eingangsszenarios zu diesem Rollenspiel finden Sie auf Seite 14)

TRANSPARENZ SCHAFFEN

Phase 0: Vorbereitung

Claus Controlé ist wegen der Terminabsprache offen und direkt auf Siegfried Spieler zugekommen:

„Herr Spieler, es gab da in der letzten Zeit einige Reklamationen, da möchte ich gerne mit Ihnen drüber reden. Hier sind die Protokolle, schauen Sie da doch in Ruhe drüber und kommen Sie morgen um 14:00 Uhr in mein Büro – passt Ihnen das?"

Phase 1: Warm-up und Transparenz

Herr Controlé wählt einen klaren Einstieg ins Thema: Anlass und Ziel werden genannt. Das ist sicher nicht erfreulich für Herrn Spieler, aber Herr Controlé signalisiert doch eindeutig eine konstruktive Ausrichtung:

„Hallo Herr Spieler – schön dass das mit unserem Termin geklappt hat. Bitte nehmen Sie doch dort drüben Platz, möchten Sie einen Kaffee oder ein Wasser? ..."

„Wie ich ja gestern schon gesagt hatte, gab es in der letzten Zeit wiederholt Reklamationen bei den Protokollen – leider bei Ihren Protokollen – und ich frage mich a) wie es dazu kommt, zumal das meines Wissens nach vorher noch nie passiert ist und b) was wir tun können, um diese Quote zu verringern. Das ist wichtig für mich, weil ich ja letztlich für die Reklamationsquote geradestehe. Ich habe mir eine Stunde Zeit genommen für unser Gespräch, und wenn wir mehr Zeit brauchen, verabreden wir uns einfach neu. Passt das so für Sie? Dann möchte ich noch eine Sache vorneweg sagen – mir kommt's überhaupt nicht darauf an, irgendje-

TRANSPARENZ SCHAFFEN

manden zum Sündenbock zu stempeln – mit Blick auf die Zukunft möchte ich Störungen, so weit es geht, verhindern. Also, was sagen Sie denn zur Beschwerde des Kunden? ..."

Sprechen Sie die kritischen Punkte und das, was Ihnen auf dem Herzen liegt, gleich direkt an. Das ist besser als ein umständliches „Um-den-heißen-Brei-Herumreden", nach dem Motto: *„Na Herr Spieler – wie sind Sie denn mit Ihrer Arbeit zufrieden?"*

Phase 2: Hauptteil/Kernphase

Wiederum bezogen auf unser Gespräch ist folgender Verlauf realistisch: Siegfried Spieler erzählt zögernd – im zunehmenden Gesprächsverlauf aber immer offener – über seine schwierige finanzielle Situation und Claus Controlé steuert durch eine Reihe von offenen Fragen das Gespräch in eine konstruktive Richtung. (Wie das genau geht, lesen Sie bitte auf den Seiten 151 ff., Fragen stellen nach.) Dabei stellt sich heraus, dass ein ganzer Problemkomplex aufgelöst werden muss. Jetzt ist Vorsicht geboten. Es gilt, verschiedene Themen nicht miteinander zu vermischen. Strukturierungs-Kompetenz ist gefragt (siehe S. 102, Gespräche strukturieren) – und Kreativität beim Entwickeln von Lösungsoptionen.

„Herr Spieler, wir reden jetzt über drei Punkte, die schon irgendwie zusammenhängen, die wir aber dennoch einmal voneinander trennen sollten, um da nicht durcheinander zu kommen:
1. *Es geht also einmal darum, wie wir die Briefings mit den Kunden unmissverständlicher verfassen können; dann*
2. *um Ihre private Situation und da besonders die Sanierung Ihrer Finanzen; und schließlich*
3. *um ein Arbeitsklima im Team, das unser Ziel Null Reklamation wirklich unterstützt.*

Lassen Sie uns bitte eins nach dem anderen abhandeln."

In unserem Beispiel rücken da zunächst die Kundenbriefings in den Mittelpunkt. Und erst, wenn die Gesprächspartner dazu eine Absprache getroffen haben, geht's mit dem zweiten Punkt weiter.

TRANSPARENZ SCHAFFEN

„Und jetzt nehmen wir einmal an, dass sich die monetäre Situation so verbessert, dass Sie keine Sorge mehr wegen Ihres Eigenheims haben müssen, können wir denn dann damit rechnen, dass Sie wieder in alter Form fehlerfreie Protokolle erarbeiten – oder gibt es da noch andere Punkte, die sich auf die Arbeit auswirken? Sei es die Situation im Team, die Zusammenarbeit mit mir als Ihrem neuen Vorgesetzten oder Dinge, die wir noch gar nicht besprochen haben?"

Phase 3: Reflexion und Cool-down

Herr Controlé freut sich über den konstruktiven Verlauf und den offenen Umgang, bringt dies zum Ausdruck und möchte auch wissen, wie Herr Spieler das Gespräch empfunden hat.

„Ich weiß nicht, wie es Ihnen geht, Herr Spieler – aber trotz des schwierigen Themas bin ich mit dem Verlauf und dem Ergebnis unseres Gesprächs sehr zufrieden – und ich hoffe wirklich, dass jetzt alles in gute Bahnen läuft. Wie war das Gespräch denn für Sie?"

Phase 4: Nachbereiten

Herr Controlé ist mit sich im Rückblick betrachtet im Großen und Ganzen recht zufrieden. Der Punkt, an dem er noch arbeiten will, ist die Einladung zu dem Gespräch. Das war vielleicht doch ein wenig zu direkt.

**TRANSPARENZ
SCHAFFEN**

8. FAQs zu Transparenz schaffen

Wann soll ich denn das alles machen? Da habe ich im Alltagsstress keine Zeit dazu.

▶ Haben Sie wirklich niemals Zeit dazu? Unabhängig davon, wie Sie diese Frage beantworten: Bis jetzt haben wir uns mit Gesprächen beschäftigt, die vorbereitet werden können und für die sich die Gesprächspartner Zeit genommen haben – richtige Gesprächsmenüs sozusagen. Im beruflichen Alltag haben wir immer wieder Situationen, in denen weder eine Vorbereitung möglich, noch Zeitreserven da sind – das ist dann die Fast-Food-Variante. Diese Gespräche haben häufig eine Dauer zwischen zwei und zehn Minuten – zu wenig, um alle Punkte des obigen Vorschlags zu berücksichtigen.

Dennoch: Auf die Transparenz sollten Sie keinesfalls verzichten. Denn die lässt sich auch in 20 Sekunden herstellen:

„Herr K., wo ich Sie gerade treffe, ich hatte grad' den Kunden X am Telefon – und muss den in zehn Minuten zurückrufen. Der Kunde sagt, es gäbe fehlerhafte Protokolle, die von Ihnen bearbeitet wurden. Haben Sie eine Idee, wie es dazu kommen konnte – und was wir dem Kunden jetzt anbieten?"

Die Kernphase des Gesprächs wird sich dann auf den Austausch von Statements, Einschätzungen und einige Fragen beschränken (Was sagen Sie dazu?), um dann in eine Verabredung zu münden, wer was bis zu einem nächsten und ausführlichen Termin unternimmt.

Wer hat eigentlich die Verantwortung für den Gesprächsverlauf? Kann ich auch als Eingeladener die Gesprächsführung übernehmen?

TRANSPARENZ SCHAFFEN

▶ Das ist die Frage nach dem Knigge der Gesprächsführung. In der Linienorganisation liegt die Verantwortung bei dem Vorgesetzten. Formal gesehen. Das Prinzip Selbstverantwortung entlässt Sie als Mitarbeiter aber keineswegs aus der Verantwortung.

Und deswegen sollten Sie als Mitarbeiter immer darauf achten, dass Sie den roten Faden beibehalten. Freilich im richtigen Ton und mit der Absicht, den Vorgesetzten zu entlasten – und nicht, um ihm seine Defizite in der Gesprächsführung aufzuzeigen.

Der Gesprächspartner schweift immer wieder vom Thema ab.

▶ Auf visualisiertes Thema/Ziel hinweisen:
„Ich habe den Eindruck, dass wir uns damit von unserem Kernthema entfernen."

Oder:
„Können Sie mir bitte den Zusammenhang zwischen dem, was Sie jetzt zuletzt sagten, und unserem Kernthema erläutern?"

Oder:
„Das ist ein spannendes Thema, was Sie da anschneiden. Das möchte ich gerne mit Ihnen besprechen, wenn wir ein wenig mehr Zeit haben."

TRANSPARENZ SCHAFFEN

Der Gesprächspartner stimmt bei Thema und Ziel mit mir überein, verfolgt im Gespräch dann aber ganz andere Interessen.

▶ Auf visualisiertes Thema/Ziel hinweisen und Absprachen treffen:
„Lassen Sie uns noch einmal auf die Themen schauen, die wir vorhin verabredet hatten: Sind das immer noch unsere Themen – oder sind jetzt andere Sachen wichtiger?"

Was mache ich, wenn ich feststelle, dass wir völlig aus dem Zeitplan geraten sind?

▶ Machen Sie es transparent – zum Beispiel so:
„Ich sehe gerade, dass wir jetzt viel länger über diesen Punkt reden, als wir uns vorgenommen haben. Ich sehe jetzt zwei Möglichkeiten: a) wir verschieben die anderen Punkte auf ein zusätzliches Meeting oder b) wir kommen jetzt zu einem schnellen Ende und gehen dann einen Gang schneller durch die weiteren Punkte. Was ist Ihnen lieber?"

9. Checkliste

▶ Wer ist Ihr Gesprächspartner?

....

▶ Haben Sie Ihren Gesprächspartner über Sinn und
Zweck des Gesprächs informiert und konnte er sich
mit vorbereitendem Material vertraut machen?   ❏ ja   ❏ nein

▶ Besteht zwischen Ihnen und Ihrem Gesprächspartner
Klarheit über die jeweiligen Kompetenzen und
Aufgaben?   ❏ ja   ❏ nein

Wenn nein, schaffen Sie Transparenz.

▶ Welches Thema/welche Themen möchten Sie warum mit
ihm besprechen?

1. ....

2. ....

3. ....

▶ Was sind Ihre Ziele in diesem Gespräch?

1. ....,

weil: ....

2. ....,

weil: ....

Checkliste

▶ Welche Erwartungen haben Sie an Ihren Gesprächspartner?

   ....
   ....
   ....

▶ Wie viel Zeit brauchen Sie für das Gespräch und wann ist ein guter Zeitpunkt für das Gespräch?

   ....
   ....
   ....

▶ In welchen Punkten streben Sie konkrete Absprachen an?

   ....
   ....
   ....

▶ Welche Termine müssen Sie unbedingt einhalten?

   ....
   ....
   ....

▶ Wie und mit welchen Themen könnten Sie Ihren Gesprächspartner auf der Beziehungsebene ansprechen?
Denken Sie dran: Ähnlichkeiten schaffen Sympathie.

   ....
   ....
   ....

10. Das Wichtigste in Kürze

▶ Machen Sie sich vor dem Gespräch klar: Was ist Ihr Ziel, welche Erwartung haben Sie an Ihren Gesprächspartner und wie viel Zeit wollen Sie sich nehmen?

▶ Ein Gespräch ist wie ein gutes Essen. Und ob der Hauptgang bekömmlich ist, hängt auch von der Vorspeise und dem Dessert ab. Also: Reduzieren Sie sich nicht auf pure Faktenübermittlung, führen Sie ein und runden Sie ab.

▶ Wenn es etwas Schwieriges zu besprechen gibt, sprechen Sie es gleich an.

▶ Wenn Sie mehrere Themen zu besprechen haben, trennen Sie diese voneinander.

▶ Schreiben Sie die Themen und die Ziele für sich und für Ihren Gesprächspartner sichtbar auf – so kommen Sie immer wieder zum roten Faden zurück.

▶ Halten Sie Absprachen und Zwischenergebnisse schriftlich fest.

▶ Überprüfen Sie Ihre Absprachen hinsichtlich Qualität und Langfristigkeit.

▶ Nehmen Sie sich regelmäßig Zeit, um Ihr Gesprächsverhalten zu reflektieren.

TRANSPARENZ SCHAFFEN

**TRANSPARENZ
SCHAFFEN**

11. Trainings-Tipps zu Transparenz schaffen

Wie immer gibt es mehrere Optionen, die Sie gerne auch miteinander kombinieren können (Dauer: ca. 60 Min.):

1. Halten Sie einen kurzen Vortrag – am besten medienunterstützt – in dem Sie das Verlaufsmodell strukturierter Gespräche vorstellen.

2. Lassen Sie alles von Ihren Mitarbeitern oder Teilnehmern erarbeiten.

3. Bringen Sie die wichtigsten Punkte des Verlaufsmodells als Feedback in die Besprechung der praktischen Gesprächsübungen ein – damit habe ich die besten Erfahrungen gemacht.

Die folgenden Fragen helfen, den Punkt Transparenz ausreichend zu festigen:

▶ Worum geht's?

▶ Was ist das Ziel?

▶ Wie viel Zeit wollen Sie sich nehmen?

Die Wichtigkeit des Strukurierens unterstreichen Sie mit folgenden Impulsen:

▶ Wie viele Themen gab es?

▶ Sind alle Themen hinreichend behandelt worden?

▶ Haben Sie darauf geachtet, dass Themen nicht vermischt wurden?

▶ Haben Sie im Falle von Zeitnot oder bei sich abzeichnendem zusätzlichen Zeitbedarf dieses auch transparent gemacht?

Auch zum Überprüfen der Qualität von Absprachen gibt es nichts Besseres als das praktische Üben im Rollenspiel. Hinweise zur Einleitung und Durchführung von Rollenspielen inkl. Kernfragen zur Reflexion finden Sie in der Einleitung auf Seite 15 ff.

TRANSPARENZ SCHAFFEN

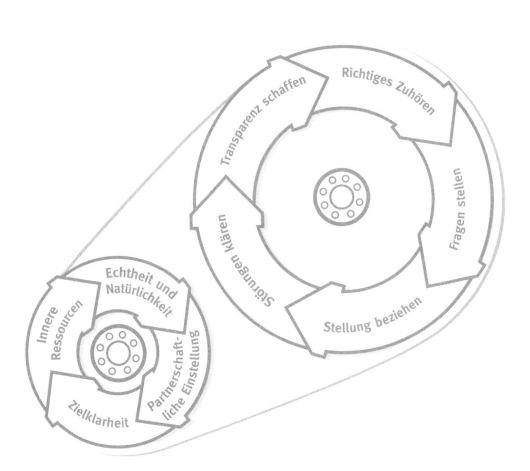

2. Richtiges Zuhören: Der Schlüssel für den direkten Dialog

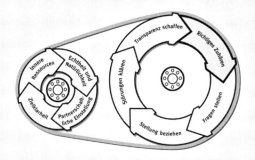

„Um sprechen zu lernen, brauchen wir zwei bis drei Jahre. Um Zuhören zu lernen, Jahrzehnte."

Irische Volksweisheit

Darum geht's:

Es geht um die Kompetenz, die sich die meisten Menschen gerne bescheinigen – beim genaueren Hinhören hingegen nur wenige beherrschen: Zuhören. Dabei ist Zuhören mehr, als den anderen ausreden zu lassen. Gutes Zuhören meint, sich wertschätzend auf den Gesprächspartner auszurichten und das, was er sagt – und manchmal auch das, was er nicht sagt –, genau aufzunehmen und zu verstehen. Damit legen Sie das Fundament für einen konstruktiven Dialog. Und wer selbst gut zuhört, dem wird auch zugehört.

Das ist Ihr Nutzen:

▶ Ihre Besprechungs- und Arbeitsergebnisse sowie Ihre Gesprächsbeiträge verbessern sich dramatisch, weil Sie die Interessen und Motive Ihrer Gesprächspartner kennen und verstehen.

▶ Sie lernen neue Wege kennen, Ihrem Gesprächspartner ihre Wertschätzung auszudrücken – verbal und nonverbal.

▶ Sie wissen, wie Sie sprachlich und nichtsprachlich eine vertrauensvolle und wertschätzende Beziehung zu Ihren Gesprächspartnern aufbauen.

▶ Indem Sie immer wieder sicherstellen, dass Sie Ihre Gesprächspartner richtig verstehen, verringern Sie Missverständnisse und Fehlinterpretationen.

▶ Sie lernen ein sehr probates Mittel kennen, um Redelöwen zu stoppen.

Aufbau des Kapitels:

1. Interesse und Neugier beim Zuhören 122
2. Do's und Don'ts beim Zuhören 124
3. Das Verständnis sicherstellen 126
4. Gefühle ansprechen 128
5. Rollenspiel: Richtiges Zuhören in der Praxis 132
6. FAQs zu Richtiges Zuhören 134
7. Checkliste 137
8. Das Wichtigste in Kürze 139
9. Trainings-Tipps zu Richtiges Zuhören 140

1. Interesse und Neugier beim Zuhören

Der Hauptgrund, warum Führungsgespräche scheitern: Die Führungskräfte hören nicht zu.

Vor einiger Zeit ist in einem einschlägigen Fachmagazin eine Übersicht veröffentlicht worden, warum Gespräche ohne befriedigendes Ergebnis enden. Der Hauptgrund, warum über 70 Prozent der Führungsgespräche scheitern, ist: Die Führungskräfte hören nicht zu! Sie sind abgelenkt und spielen mit dem Kuli. Sie schlagen Dinge vor, die gar nicht funktionieren können, weil sie nichts mit dem zu tun haben, was ihr Gegenüber soeben erzählt hat. Das Zuhören nehmen viele Führungskräfte nicht wichtig.

„So wie man sagt: ‚Alles Gute!' oder ‚Gesegnete Mahlzeit!' oder ‚Weiß der liebe Himmel!', genauso sagte man also bei allen möglichen Gelegenheiten: ‚Geh doch zu Momo!'. Aber warum? War Momo vielleicht so unglaublich klug, dass sie jedem Menschen einen guten Rat geben konnte? Konnte sie weise und gerechte Urteile fällen? (...) Nichts von alledem. Was die kleine Momo konnte wie kein anderer, das war:

RICHTIGES ZUHÖREN

Zuhören. Das ist doch nicht Besonderes, wird nun vielleicht mancher Leser sagen, Zuhören kann doch jeder. Aber das ist ein Irrtum. Wirklich Zuhören können nur ganz wenige Menschen. Und so wie Momo sich aufs Zuhören verstand, war es ganz und gar einmalig. Momo konnte so zuhören, dass dummen Leuten plötzlich sehr gescheite Gedanken kamen. Nicht etwa, weil sie etwas sagte oder fragte, was den anderen auf solche Gedanken brachte, nein, sie saß nur da und hörte einfach zu, mit aller Aufmerksamkeit und aller Anteilnahme. Sie konnte so zuhören, dass ratlose und unentschlossene Leute auf einmal ganz genau wussten, was sie wollten. Oder dass Schüchterne sich plötzlich frei und mutig fühlten. Oder dass Unglückliche und Bedrückte zuversichtlich und froh wurden. So konnte Momo zuhören!"
(aus: Momo, Roman von Michael Ende)

Was können Sie tun, um ein besserer Zuhörer zu werden?

Interessieren Sie sich für die Menschen, mit denen sie reden. Seien Sie neugierig darauf, wie der andere die Welt sieht, was Sie in diesem Gespräch erfahren und was Sie dazulernen können. Trifft einer dieser Punkte zu, haben Sie die Königsstraße auf dem Weg zum besseren Zuhörer bereits beschritten. Trifft keiner zu, wissen Sie jetzt, warum es bisher noch nicht so gut geklappt hat. Denn Interesse und Neugierde sind eine Grundlage, um die Sie nicht herumkommen. Wenn Sie auf dieser Basis Ihren Zuhör-Muskel so trainieren, wie Sie im Fitnessstudio ihren Bizeps aufbauen – nämlich regelmäßig und ohne ihn zu überfordern – können Sie eine Verbesserung Ihrer Gesprächs- und Arbeitsergebnisse kaum verhindern. Und so, wie es für den Bizepsaufbau Trainingsgeräte im Fitnessstudio gibt, lernen Sie auf den nächsten Seiten effektive Übungen und Tools für die Verbesserung Ihres Zuhörmuskels kennen.

Interesse und Neugierde sind Grundlagen für gutes Zuhören.

RICHTIGES ZUHÖREN

Zuhör-Killer:

- Zeitmangel
- Ausdruck geringer Wertschätzung
- Dauerreden
- Unaufmerksamkeit
- autoritäre Handlungen
- Rechthaberei

2. Do's und Don'ts beim Zuhören

▶ **Don'ts beim Zuhören:**

Wenn Sie gut zuhören wollen, dann sollten Sie für Ihren Gesprächspartner eine Atmosphäre schaffen, in der er gut reden kann. Schauen wir doch einmal spaßeshalber, wie Sie eine solche konstruktive Atmosphäre verhindern können:

▶ Sie schauen alle zwei Minuten auf die Uhr.

▶ Sie nehmen Telefongespräche entgegen, gerne auch ausführlich.

▶ Sie füllen nebenher Packlisten aus.

▶ Sie schauen permanent aus dem Fenster oder fixieren den anderen mit einem Blick, bei dem selbst Billy the Kid sich freiwillig ergeben hätte.

▶ Sie benutzen den anderen als Stichwortgeber, um an allen unpassenden Stellen zu erzählen, wie toll Sie sich in ähnlichen Situationen verhalten haben.

▶ Sie unterbrechen und verbessern Ihren Gesprächspartner (Ihr Lateinlehrer wäre stolz auf Sie).

▶ Sie stellen Ihrem Gegenüber Detailfragen mit auffällig inquisitorischer Note.

Das scheint Ihnen übertrieben? Ich kann Ihnen aus unzähligen Gesprächen mit „Betroffenen" versichern, dass all das Tag für Tag in vielen Büros passiert. Und meistens nicht einmal aus böser Absicht.

Jetzt drehen wir den Spieß um und schauen, wie es gut laufen kann:

▶ **Do's beim Zuhören:**

Sie nehmen sich Zeit für das Gespräch. Haben Sie keine Zeit, sagen Sie das sofort und der andere weiß, warum

Sie sich so kurz fassen und es so eilig haben – oder Sie vereinbaren am besten gleich einen neuen Termin. Bitte probieren Sie nicht, ein einfühlsamer und verständnisvoller Zuhörer zu sein, wenn Sie vor lauter Zeitnot nicht wissen, wie Sie diesen Tag überstehen sollen.

Zuhören kann man nicht nur mit den Ohren – auch mit den Augen, dem Herzen und dem ganzen Körper:

▶ Finden Sie eine innere Haltung, in der Sie Ihr Gegenüber akzeptieren können (Partnerschaftliche Einstellung, S. 55).

▶ Schauen Sie den anderen an. Vorsicht: Kein Pokerface und kein Wettkampf nach dem Motto: Wer hält das jetzt am längsten aus? Nicken Sie mit dem Kopf und richten Sie Ihren Körper auf ihn aus, indem sie eine ihm zugewandte Körpersprache einnehmen.

▶ Ihr Gegenüber nimmt eine offene Körperhaltung positiver auf. Offen heißt, dass viel von Ihnen zu sehen ist – und wenig verdeckt ist; sei es durch verschränkte Arme, die Hand vor dem Mund, große Blumengebinde zwischen Ihnen und Ihrem Gesprächspartner. Offen heißt auch: Wenn Sie nicht wollen, dass Ihr Gegenüber Ihre Unterlagen einsieht, legen Sie sie einfach etwas weiter weg – und verdecken Sie sie nicht, indem Sie Ihren Ellenbogen darüber legen wie damals in der Schule.

▶ Senden Sie immer wieder – und nicht mechanisch – zuhörbestätigende Signale: Laute, die unter den Begriff „Brummsprache" passen. Achtung: Dies muss ehrlich gemeint sein. Probieren Sie doch am Telefon einmal aus, diese Laute wegzulassen. Meine Vermutung: Es dauert nicht mal eine Minute und Ihr Gesprächspartner fragt:
„Sag mal, hörst Du mir noch zu?"

RICHTIGES ZUHÖREN

Beim Zuhören brauchen Sie Ohren, Augen und Herz.

Wertschätzende Signale senden.

Offene Körperhaltung.

Brummsprache: zuhörbestätigende Signale.

RICHTIGES ZUHÖREN

Experimentieren Sie mit diesen Vorschlägen – und achten Sie auch darauf, nicht zu übertreiben. Blickkontakt beispielsweise muss sein. Doch würden Sie Ihren Gesprächspartner sicher irritieren, wenn Sie ihn mit den großen und erwartungsvollen Augen anschauen, mit denen Sie als Kind vor dem Weihnachtsbaum gestrahlt haben.

3. Das Verständnis sicherstellen

Bisher haben wir uns in erster Linie den nichtsprachlichen Aspekten des Zuhörens gewidmet. Zuhören heißt auch: Das Verstehen sicherstellen, indem Sie Ihrem Gesprächspartner sagen, was Sie bisher verstanden haben. In vielen Gesprächssituationen können Sie es sich nicht leisten, darauf zu verzichten. Halten Sie Zwischenergebnisse fest, wenn es darum geht, Absprachen und Vereinbarungen zu treffen. Und stellen Sie sicher, dass Sie den anderen richtig verstanden haben, bevor Sie in einer Argumentation Ihre Standpunkte darlegen:

Prüfen Sie durch Rückfragen immer wieder das richtige Verständnis.

Halten Sie Zwischenergebnisse fest.

▶ *„Ich will mal sehen, ob ich Sie richtig verstanden habe."*

Oder auch:

▶ *„Ich möchte sicherstellen, dass wir nicht aneinander vorbeireden. Sie meinen also, dass ..."*

▶ *„Bevor wir nun in eine Bewertung der Ideen gehen, lassen Sie mich noch einmal zusammenfassen, was wir bisher gesagt haben, ..."*

▶ *„Wenn ich Sie richtig verstanden habe, meinen Sie ..."*

▶ *„Sie wollen wissen, ob/wie/was ..."*

▶ *„Mit anderen Worten ..."*

▶ *„Zusammengefasst meinen Sie ..."*

- „Das heißt also …"
- „Ihnen kommt es darauf an, dass …"
- „Das bedeutet für Sie also …"
- „Für Sie ist es also besonders wichtig, dass …"
- Möglich ist auch das einfache Wiederholen wichtiger Schlüsselworte Ihres Gesprächspartners.

RICHTIGES ZUHÖREN

Sie werden überrascht feststellen, dass Ihr Gesprächspartner häufig etwas ganz anderes meinte als das, was Sie verstanden haben. Machen Sie doch einmal ein kleines Experiment im privaten Rahmen: Jeder soll einmal fünf Assoziationen zu einem Begriff, zum Beispiel „Küchenschrank", aufschreiben. Sie werden überrascht sein: Der eine denkt an eine schickes Glasobjekt mit dem verchromten Cocktailmixer und dem Edelstahl-Rührlöffel für 43,89 Euro – der andere an Omas Holzschrank mit den vielen Schubladen für Mehl, Zucker und Backpulver.

Das „Küchenschrank"-Experiment

Das Sicherstellen des Verständnisses sorgt also für eine gute inhaltliche Qualität Ihrer Gespräche und ist zudem eine sehr elegante Methode, um Redelöwen zu stoppen. Denn eine diplomatischere Methode, sich ins Gespräch einzuschalten, gibt es nicht:

> „Ich will mal schauen, ob ich Sie da richtig verstanden habe …"

Mit Verständnisfragen Redelöwen stoppen.

– und gleich im Anschluss legen Sie Ihren Standpunkt dar:

> „Ich sehe das folgendermaßen …".

Übertragen Sie dieses Bild auf eine wichtige geschäftliche Besprechung mit 6-7-stelligen Konsequenzen, nur weil Ihr IT-Berater dachte, dass Sie Linux-Betriebssysteme verwenden, Sie aber nach wie vor auf Microsoft setzen. Schnell wird deutlich, wie wichtig die gegenseitige Rückversicherung ist – und damit eben auch das sich versichernde Zuhören.

RICHTIGES ZUHÖREN

Als Sprecher tragen Sie die Verantwortung dafür, dass der andere Ihnen folgen kann: Sortieren Sie sich vor dem Gespräch und stellen Sie durch Rückfragen das Verständnis sicher.

Zuhören hilft, ein gemeinsames Verständnis zu sichern sowie eine gemeinsame Informations-Plattform zu etablieren.

Auch Sie als Sprecher haben die Verantwortung, dem anderen das Zuhören leicht zu machen, indem Sie auf folgende Störfaktoren verzichten:

▶ Reden wie ein Wasserfall: schneller als ein Mensch verstehen kann

▶ Die Gedanken vor dem Sprechen nicht organisieren

▶ Sich ungenau ausdrücken

▶ Zu viel in einer Aussage unterbringen und dadurch Verwirrung stiften

▶ Aus Unsicherheit immer weiterreden, so dass der andere gar nicht mehr zuhören kann

Aktion

Hand aufs Herz: Gibt es einen typischen Störfaktor, den Sie sich selber zugestehen können? Dann empfehle ich Ihnen, den hier zu notieren, damit Sie in Zukunft etwas verbindlicher auf Ihr eigenes Gesprächsverhalten achten werden:

....

....

....

4. Gefühle ansprechen

Besonders in Mitarbeiter- und Konfliktgesprächen hilft es, wenn die Qualität des Zuhörens deutlich über das inhaltliche Erfassen des Gesagten hinausgeht. Nämlich dann, wenn Sie den Eindruck haben, dass Gefühle eine wichtige Rolle spielen – oder Ihr Gegenüber Ihnen nichtsprachlich durch ein verschmitztes Lächeln oder Sorgenfalten auf der Stirn signalisiert, dass es da noch wichtige Informationen gibt. Da kann es nötig sein, die Gefühlslage Ihres Gesprächspartners anzusprechen – oder auch Ihre eigene.

Allerdings ist in diesem Fall Fingerspitzengefühl geboten; hierzu brauchen Sie eine intakte und tragfähige Beziehung. Denn wer mag schon über seine Gefühle reden, wenn er kein Vertrauen zu seinem Gegenüber hat? Machen Sie es Ihrem Gegenüber leichter, indem Sie Ihre Vermutungen als Fragen formulieren:

- „Da scheint es etwas zu geben, was Sie richtig amüsiert?"
- „Hört sich an, als ob Sie unter Zeitdruck stehen?"
- „Kann es sein, dass Sie damit unzufrieden sind?"
- „Sieht so aus, als hätten Sie noch Zweifel?"
- „Sie zweifeln, ob Sie diese Statements in der Praxis anwenden können?"
- „Sie sind ungeduldig, wenn wir so lange über den- selben Punkt reden?"

Gut zuhören können Sie nicht nur, wenn der andere spricht. Gut zuhören und zusehen können Sie auch, während Sie reden. Achten Sie auf die Reaktionen, die Sie bei Ihrem Gesprächspartner auslösen. Heben sich die Augenbrauen, rümpft er die Nase, schaut er in den Himmel? Es lohnt sich, diese Signale nicht zu übersehen und zu überhören, sondern kurz nachzufragen, z.B:

„Das scheint eine neue Information zu sein?"

Um gut zuzuhören, brauchen Sie Innere Ressourcen, S. 19 ff. Bauen Sie auch Ressourcen bei Ihrem Gesprächspartner auf, indem Sie gute Gefühle verteilen. Wie das

RICHTIGES ZUHÖREN

Zuhören: Spüren, welche „Schwingungen" von Ihrem Gegenüber ausgehen.

Zuhören: Sollte man auch, während man selber spricht.

RICHTIGES ZUHÖREN

geht? Indem Sie dem anderen das geben, was auch Sie brauchen, um sich gut zu fühlen:

- Ausreden lassen
- Hin und wieder lächeln (angemessen – die asiatische Dauerlächel-Variante irritiert in unserem Kulturkreis)
- Anerkennung und Wertschätzung ausdrücken
- Loben – freilich angemessen und nicht ohne Grund

Aktion Was kommt von Ihrer Seite noch hinzu?

....

....

....

Durch ein gutes Zuhörverhalten bauen Sie bei Ihrem Gesprächspartner positive Ressourcen auf.

Ihre akzeptierende und wertschätzende innere Haltung nimmt Ihr Gegenüber wahr – bewusst oder unbewusst. Erinnern Sie sich an das Gefühlekonto aus dem Kapitel Innere Ressourcen? Dort hatten wir geschaut, was Sie unternehmen können, um positive Gefühle für sich selbst zu bekommen. Mit dem hier vorgestellten Zuhörverhalten tun Sie etwas für das Gefühlekonto Ihres Gesprächspartners.

Und schon der Volksmund weiß: So wie Du's in den Wald hineinrufst, so schallt es auch zurück. Die Physiker sagen dazu Resonanzgesetz, was in etwa das Gleiche ist. Nur schade, dass die Gefühle nicht immer in dem hohen Ausmaß zurückkommen, wie wir das gerne möchten. Aber seien Sie sicher: Wenn Sie etwas Gutes tun, kommt es auch zurück. Das ist ein universelles Gesetz.

Gutes Zuhören will gelernt und trainiert sein. Mein Tipp: Fangen Sie doch gleich damit an. Während Ihrer nächsten Autofahrt schalten Sie einen Informationssender ein, zum Beispiel den Deutschlandfunk oder die 4. Programme der Öffentlich-Rechtlichen, drehen nach jeder Meldung oder Teilen einer komplexeren Reportage die Lautstärke runter und geben den Inhalt mit eigenen Worten wieder. Und probieren Sie auch einmal, die Gefühlslage der Sprecher herauszubekommen. Das geht auch wunderbar beim gemeinsamen Essen mit Freunden oder in der Familie. Und machen Sie sich auf einige staunende Blicke gefasst ...

RICHTIGES ZUHÖREN

5. Rollenspiel: Richtiges Zuhören in der Praxis

(Die Beschreibung des Eingangsszenarios zu diesem Rollenspiel finden Sie auf Seite 14)

Die Führungskraft Claus Controlé ist schon im Vorfeld des Gesprächs gefordert, ein zuhörfreundliches Setting zu arrangieren: Zeitfenster freihalten, externe Störungen aussschalten, konstruktive Sitzordnung finden, etc. (siehe Checkliste, S. 137).

Im Gespräch geht es sicher darum, Herrn Spieler hinreichenden Raum für die Entwicklung seiner Gedanken zu lassen, ihm nicht ins Wort zu fallen und ihn ausreden zu lassen.

Herr Controlé ist darüber hinaus gut beraten, sich immer wieder darin abzusichern, was er von Spielers Botschaften verstanden hat:

> *„Herr Spieler, ich höre heraus, dass Sie der Meinung sind, dass das Briefing des Kunden auch nicht so ganz astrein war – richtig?"*

Und später:

> *„Herr Spieler, ich habe Sie so verstanden: Ihre schwierige finanzielle Situation mit dem Drohgespenst „Verlust des Eigenheims" hat Ihre ganze Aufmerksamkeit aufgesogen. Die Protokolle konnten Sie deswegen nur mit Routine bearbeiten – und da sind Ihnen dann die Fehler unterlaufen. Und Sie glauben, dass die Fehlerquote wieder auf Null sinkt, wenn Sie nicht mehr befürchten müssen, das Eigenheim zu verlieren?"*

Herr Spieler tut gut daran, seiner Führungskraft schon durch ein offenes und aufmerksames Zuhörverhalten zu signalisieren, dass er an einer konstruktiven Lösung des Problems interessiert ist – freilich ohne sich zum Sündenbock stempeln zu lassen. Und natürlich geht es auch für ihn darum, sich in seinem Vertändnis der Situation genau abzusichern. Denkbar wären dann folgende Gesprächssequenzen:

Spieler:
„Verstehe ich Sie richtig, der Kunde hat reklamiert und Sie denken, dass ich nicht fehlerfrei gearbeitet habe?"

Controlé :
„Leider ja – aber schauen Sie sich die Protokolle doch noch einmal in Ruhe an – und wenn Sie anderer Meinung sind, müssen wir eben noch einmal neu schauen."

Spieler:
„Einverstanden, ich komme dann morgen wieder auf Sie zu. Abgemacht?"

Und auch:

Spieler:
„Ich verstehe Sie so: Die Null-Fehler-Quote ist Ihnen besonders wichtig, da auch Sie an Ihr gemessen werden, richtig? Und dann machen Sie sich Sorgen über die Stimmung im Team, denn da liegt Ihnen ein gutes Miteinander-Auskommen am Herzen? Auch für mich sind das zwei wichtige Ziele – deswegen möchte ich Ihnen jetzt sagen, wie es aus meiner Sicht dazu kommen konnte …"

RICHTIGES ZUHÖREN

RICHTIGES ZUHÖREN

6. FAQs zu Richtiges Zuhören

Die gute Absicht reicht häufig nicht, um gut zuzuhören. Im Alltag müssen Sie mitunter ein ganzes Anti-Zuhör-Sperrfeuer abwehren, um sich auf Ihren Gesprächspartner auszurichten. Lesen Sie jetzt, wie Sie sich das Zuhören erleichtern können:

Ich habe 20.000 Sachen im Kopf und kann mich gar nicht auf das Gespräch konzentrieren, geschweige denn auf das, was mein Gesprächspartner sagt.

▶ Siehe Abschnitt Innere Ressourcen, S. 19 ff.

▶ Sagen Sie es Ihrem Gesprächspartner

▶ Schreiben Sie vor dem Gespräch all diese Punkte auf, mit einem kleinem Vermerk, wann Sie sich darum kümmern wollen

Mein Gegenüber redet wie ein Wasserfall.

▶ Schalten Sie sich elegant ein, z.B. mit folgender Formulierung:
„Entschuldigen Sie, Herr X, ich will mal schauen, ob ich Sie an dieser Stelle richtig verstanden habe ...".

▶ Und jetzt sind Sie dran:
„Ich meine dazu Folgendes ...".

▶ Oder: „Ich bewundere Ihr Engagement und bin an einem Austausch zwischen uns interessiert. Deswegen möchte ich Ihnen meine Interessen einmal erläutern ...".

▶ Stellen Sie Fragen:
„Was muss ich tun, um auch einmal zu Wort zu kommen?"

▶ Reagieren Sie ironisch:
„Auf welchem Rhetorik-Seminar sind Sie denn gewesen?"
(Aber Achtung: Damit verlassen Sie die wertschätzende, partnerschaftliche Ebene)

▶ Schauen Sie auf die Uhr.

▶ Reagieren Sie metakommunikativ (Störungen klären, S. 228 ff.):
„Herr X, ich möchte jetzt einmal etwas sagen, das hat nichts mit dem Thema zu tun, sondern sondern mit der Art und Weise, wie wir miteinander reden. Ich stelle gerade fest, dass ich mir die vielen Informationen, die von Ihnen in einem Rutsch kommen, nicht alle merken kann. Zudem schalte ich bei einer zu hohen Sprechgeschwindigkeit ab. Daher meine Bitte: Fassen Sie Ihre Aussage noch einmal kurz zusammen und geben Sie mir dann Gelegenheit zu einer Stellungnahme."

RICHTIGES ZUHÖREN

Ich erlebe viele externe Störungen: Telefone, Kollegen, die mal kurz etwas suchen müssen …

▶ Verlegen Sie das Gespräch:
„In welchem Raum haben wir etwas mehr Ruhe?"

▶ Oder: „Wann können Sie einen Termin so einrichten, dass wir ungestörter reden können?"

Mein Geschäftspartner schweigt oder ist sehr, sehr wortkarg.

▶ Stellen Sie offene Fragen (siehe Abschnitt Fragen stellen, S. 151 ff.)
„Welche Informationen brauchen Sie noch?"

▶ Verabreden Sie eine Spielregel:
„Schweigen heißt zustimmen."

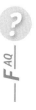

RICHTIGES ZUHÖREN

▶ Seien Sie offen:
„Ich muss Ihnen gestehen, dass ich nicht weiß, wie ich Ihr Schweigen interpretieren soll."

▶ Werben Sie um Verständnis:
„Ich möchte Sie um Verständnis für meine Situation bitten. Ich muss mich bis heute Mittag entscheiden und möchte dabei auch Ihre Interessen berücksichtigen."

Ich habe den Eindruck, dass mir mein Gesprächspartner nicht zuhört.

▶ Schweigen Sie.

▶ Sprechen Sie den Nutzen an:
„Ich möchte noch einmal sagen, wo der Zusammenhang zwischen meinem Beitrag und Ihrem Anliegen ist."

▶ Konfrontieren Sie Ihren Gesprächspartner mit Ihren Eindrücken:
„Ich habe das Gefühl, dass andere Themen gerade wichtiger sind für Sie. Stimmt das?"

▶ Fragen Sie:
„Was kann ich tun, um mir Ihre ungeteilte Aufmerksamkeit zu verdienen?"

▶ Oder direkt: „Sagen Sie, ist es unhöflich, wenn ich Sie frage, ob Sie mir zuhören?"

7. Checkliste

▶ Haben Sie Zeit für das Gespräch? ❏ ja ❏ nein

▶ Wenn nein, finden Sie einen Alternativtermin:

  ....

▶ Wenn das Gespräch trotzdem geführt werden muss,
  haben Sie Ihre Folgetermine verschoben? ❏ ja ❏ nein

▶ Haben Sie die Menschen informiert, die von der
  Verschiebung betroffen sind? ❏ ja ❏ nein

▶ Haben Sie externe Störungen ausgeschaltet
  (Telefone etc.)? ❏ ja ❏ nein

▶ Haben Sie genug mentalen Arbeitsspeicher frei, um
  sich auf Ihr Gegenüber zu konzentrieren? ❏ ja ❏ nein

▶ Wenn nein, notieren Sie die Dinge und Themen, die
  Ihnen durch den Kopf gehen, und vermerken Sie, wann
  Sie sich wieder darum kümmern wollen.

  ....

  ....

▶ Gibt es noch etwas mit Ihrem Gesprächspartner zu
  klären, bevor Sie sich ganz auf das aktuelle Thema
  einstellen können? ❏ ja ❏ nein

▶ Wenn ja, was ist es und wie wollen Sie es thematisieren?

  ....

  ....

Checkliste

▶ Was können Sie sonst noch tun, um sich auf Ihren Gesprächspartner einzustellen?

....

....

▶ Was interessiert Sie an Ihrem Gesprächspartner –

....

....

worauf sind Sie neugierig?

....

▶ Finden Sie innerlich und körpersprachlich eine offene Haltung.

▶ Halten Sie Blickkontakt.

▶ Überprüfen Sie immer wieder, ob Sie den anderen richtig verstanden haben.

▶ Haken Sie ein, wenn Sie den roten Faden verlieren – oder Ihr Gesprächspartner zu lange redet.

▶ Wie reagieren Sie, wenn Sie das Gefühl haben, Ihr Gesprächspartner hört Ihnen nicht zu?

....

....

(siehe FAQs, S. 134, siehe auch: die Abschnitte Störungen klären, S. 211 und Partnerschaftliche Einstellung, S. 55)

8. Das Wichtigste in Kürze

RICHTIGES ZUHÖREN

▶ Die Akzeptanz Ihres Gegenübers sowie Interesse und Neugierde sind die wichtigsten Voraussetzungen auf dem Weg zu einem besseren Zuhörer.

▶ Zuhören heißt auch, eine Atmosphäre zu schaffen, in der Ihr Gesprächspartner reden kann.

▶ Als Sprecher tragen Sie die Verantwortung dafür, dass der andere Ihnen folgen kann: Sortieren Sie sich vor dem Reden und stellen Sie durch Rückfragen immer wieder das Verständnis sicher.

▶ Je wichtiger und schwieriger das Gespräch ist, desto bedeutender wird es, das eigene Verständnis immer wieder im Dialog mit dem Gesprächspartner zu überprüfen: „Habe ich Sie da richtig verstanden, dass …".

▶ Beim Zuhören brauchen Sie die Ohren, die Augen und das Herz.
  - Die Ohren, um die Inhalte aufzunehmen.
  - Die Augen, um in der Mimik und Gestik Ihres Gesprächspartners Anhaltspunkte zu finden, wie er zu den Inhalten steht.
  - Das Herz, um zu spüren, welche gefühlsmäßigen Schwingungen von Ihrem Gegenüber ausgehen.

▶ Durch ein gutes Zuhörverhalten bauen Sie bei Ihrem Gesprächspartner Ressourcen auf. Sie überweisen ihm sozusagen positive Gefühle auf sein Gefühlekonto. Das kommt letztlich Ihrem Gesprächsergebnis zugute.

RICHTIGES ZUHÖREN

9. Trainings-Tipps zu Richtiges Zuhören

Sie lernen jetzt zwei Übungen kennen: Übung 1 sensibilisiert und trainiert für nichtsprachliches Zuhörverhalten, Übung 2 trainiert die Konzentration auf die Inhalte des Gesagten.

Übung 1: Teilen Sie Ihre Leute in zwei Gruppen. Die Mitglieder der einen Gruppe bekommen die Aufgabe, eine Geschichte oder Begebenheit zu erzählen (Thema nach Wahl, einziges Kriterium: sie müssen fünf Minuten am Stück darüber reden können), die Mitglieder der anderen Gruppe bekommen den Auftrag, zuzuhören. Die Erzähler-Gruppe geht kurz raus – die Zuhörgruppe wird folgendermaßen gebrieft:

> „Die ersten zwei Minuten drücken Sie so gut wie möglich aus, dass Sie wirklich und intensiv zuhören (Nicken, Ja-sagen, Blickkontakt, …).
>
> Nach zwei Minuten – ich gebe Ihnen durch ein Räuspern ein Zeichen – ändern Sie Ihr Zuhörverhalten: Jetzt tun Sie alles, um Abwesenheit und Desinteresse auszudrücken."

Die Erzähler-Gruppe kommt herein, jeder sucht sich einen Gesprächspartner – und auf geht's. Nach fünf Minuten lösen Sie die sicher schwierig gewordenen Gespräche auf, lüften das Geheimnis für die Erzählergruppe und sammeln mit den Teilnehmern Do's und Don'ts beim Zuhören.

Übung 2: (Dominikanerübung oder kontrollierter Dialog)
Zweiergespräch – Zwei Partner finden sich und legen fest, wer Person A ist und wer Person B. Dann einigen sie sich auf ein Thema, über das sie diskutieren wollen. Vorsicht: Wenn das Thema zu flach ist, wird's schwierig, z.B. das Wetter. Jetzt geht's los:

RICHTIGES ZUHÖREN

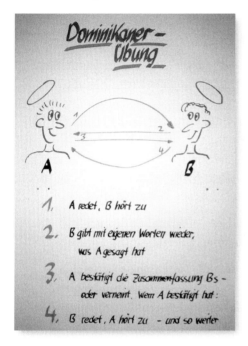

Dominikanerübung

- A vertritt eine These.
- B hört zu und gibt diese These mit eigenen Worten wieder.
- A bestätigt, richtig verstanden worden zu sein – oder A sagt: *„Nein, so habe ich das nicht gemeint, sondern ..."* – Jetzt muss B erneut versuchen, A richtig wiederzugeben.
- B darf erst dann eine eigene These formulieren, wenn A ihm bestätigt: *„Ja, Sie haben mich richtig verstanden."*
- A gibt nun seinerseits die These von B wieder und B muss bestätigen – oder eben korrigieren.

RICHTIGES ZUHÖREN

Nach diesem Muster können Sie die Übung acht bis zehn Minuten laufen lassen.

Die Dominikaner-Übung ist ein Klassiker. Mir ist keine andere Übung bekannt, die so eindrücklich zeigt, wie schwer es ist, sich wirklich auf den anderen einzustellen, und die so konzentriert die Kompetenz trainiert, sich in Gesprächen immer wieder rückzuversichern:

> *„Ja, wir reden noch über die gleiche Sache, ich habe verstanden, worauf Sie hinauswollen."*

Nehmen Sie diesen Punkt auch in die Reflexion des Rollenspiels auf:

▶ Haben die jeweiligen Sprecher den Eindruck gehabt, dass ihr Gesprächspartner ihnen zuhörte?

▶ Woran haben sie körpersprachlich festgemacht, dass der eine dem anderen zuhört?

▶ Sind die Zuhör-Do's, S. 124, eingesetzt worden?

Hinweise zur Einleitung und Durchführung von Rollenspielen inkl. Kernfragen zur Reflexion finden Sie in der Einleitung auf Seite 15.

3. Fragen stellen: So lenken Sie das Gespräch in eine konstruktive Richtung

> *„Ich hatte sechs Berater in meinem Leben,*
> *die haben mich alles gelehrt, was ich wissen muss.*
> *Sie heißen: Wer, Wie, Was, Wann, Wohin und Warum."*
>
> Alte Sufi-Geschichte

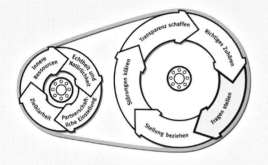

Darum geht's:

Wer eine gute Antwort will, muss eine gute Frage stellen. Fragen sind die wohl mächtigsten sprachlichen Mittel, die wir haben, um gute Gesprächsergebnisse zu erzielen – sie sind die Königsdisziplin der Dialektik. Mit Fragen lenken Sie das Gespräch, generieren Informationen und finden passgenaue Problemlösungen. Wer fragt, führt. Lernen Sie jetzt die wichtigsten geschlossenen und offenen Fragetypen mit ihrem spezifischen Nutzen für die Gesprächsführung kennen – und formulieren Sie konkrete Beispiele für Ihre Praxis.

Das ist Ihr Nutzen:

▶ Ihr Spaß an Gesprächen sowie Ihre Gesprächssteuerungs-Kompetenz erhöht sich dramatisch.

▶ Durch das Stellen der richtigen Fragen nehmen Sie Ihre Gesprächspartner stärker in die Verantwortung.

▶ Ihre Problemlösungen verbessern sich, weil Sie mit professioneller Fragetechnik den Lösungskorridor erweitern.

▶ Sie kommen schneller zu verbindlichen und qualitativ hochwertigen Absprachen.

▶ Sie wissen auch, wie Sie unangenehmen Fragen ausweichen können.

Aufbau des Kapitels:

1. Wer fragt, führt 144
2. Fragetypen und ihr Nutzen 146
   – Geschlossene Fragen 146
   – Offene Fragen 151
3. Rollenspiel: Fragen stellen in der Praxis 158
4. FAQs zu Fragen stellen 161
5. Checkliste 163
6. Das Wichtigste in Kürze 164
7. Trainings-Tipps zu Fragen stellen 166

1. Wer fragt, führt

Interview nach einer Landtagswahl in Deutschland (erdrutschartige Einbrüche bei einer Volkspartei):

Reporter: *Herr Breger, gibt es jetzt in Ihrer Fraktion eine Führungsdiskussion?*
Politiker: *Was für'n Ding?*
Reporter: *Eine Führungsdiskussion.*
Politiker: *Was verstehen Sie darunter?*
Reporter: *Dass jetzt in Ihrer Fraktion über die Neubesetzung von Führungspositionen geredet wird ...*
Politiker: *Ist jemand aus meiner Fraktion auf Sie zugekommen?*
Reporter: *Nein.*
Politiker: *Sind Sie selbst Mitglied in meiner Partei?*
Reporter: *Nein.*
Politiker: *Na also.*

Hoffentlich hatte der Reporter einen guten Freund, der ihn bei einer Flasche Wein wieder aufbauen konnte. Denn was hat der Politiker gemacht? Er hat ihn beinhart auflaufen lassen – indem er vier **Gegenfragen** nacheinander stellte. Und dann war er so weit von der Ausgangsfrage entfernt, dass der Reporter eigentlich nur noch eine Chance hatte: Das Mikrofon ausschalten und unauffällig aus dem Bild gehen.

Das Beispiel zeigt in drastischer Form, wie Sie ein Gespräch mithilfe von Fragen in eine für Sie gewünschte Richtung lenken können. Nun sind Gegenfragen nicht per se schlecht oder unredlich. Und doch kann man mit ihnen machen, was man mit jeder prinzipiell guten Sache machen kann: Man kann sie unlauter einsetzen.

Mit Fragen können Sie Informationen generieren – oder sich geschickt aus der Affäre ziehen. Und wohl auch deswegen ist zum Thema Fragen viel veröffentlicht worden. Ihnen gilt eine große Aufmerksamkeit. Nicht zu Unrecht.

Fragen sind wichtig, um

▶ klare Antworten zu bekommen
▶ Informationen zu generieren
▶ Ungenauigkeiten und flüchtige Wahrnehmungen genauer zu fassen
▶ Verschwommenes wieder zu Tage zu fördern
▶ Interpretationen und Konzepte zu überprüfen, die ich von bestimmten Situationen oder Menschen habe
▶ Antworten zu vermeiden und Zeit zu gewinnen

Manche Menschen glauben, dass die richtige Frage zur richtigen Zeit genau die richtige Information bringt – und verwechseln dabei das natürliche Miteinander-Reden mit einem exakten chirurgischen Eingriff. Dennoch, aus

FRAGEN STELLEN

Mit Gegenfragen können Sie Antworten vermeiden, Zeit gewinnen oder die Hintergründe der Fragen besser ausleuchten.

Mit Fragen kann man klare Antworten bekommen, Informationen generieren, Ungenauigkeiten genauer fassen und eigene Interpretationen prüfen.

FRAGEN STELLEN

dem Berater-Alltag wissen wir, dass eine gute Frage mehr auslösen kann als zehn gut gemeinte Empfehlungen. Das ist kein Wunder. Denn wenn Menschen gefragt werden, können sie sich a) überlegen, ob sie antworten wollen, und b) kommt diese Antwort oder Idee dann aus ihnen selbst heraus. Und wenn es zum Beispiel um Entscheidungen geht, ist das Engagement dann höher und nachhaltiger.

2. Fragetypen und ihr Nutzen

Im Folgenden stelle ich Ihnen vor, was unter geschlossenen und offenen Fragen zu verstehen ist. Außerdem erfahren Sie, mit welchem Nutzen Sie die verschiedenen Fragetypen in welchen Situationen einsetzen können.

▶ **Geschlossene Fragen**

Farbe bekennen: Mit geschlossenen Fragen schaffen Sie Klarheit und geben eine Richtung vor.

Möchten Sie an dieser Stelle weiterlesen? Sehen Sie – Sie haben sich innerlich für ein Ja entschieden und weitergelesen. Und damit 50 Prozent der Antwortmöglichkeiten auf geschlossene Fragen abgedeckt. Die anderen 50 Prozent wären „Nein" gewesen. Mehr Möglichkeiten gibt es nicht – es sei denn, Sie zählen die „Vielleichts" und „Ich weiß noch nicht" hinzu – da es im Moment aber kein „Ja" ist, interpretiere ich es hier einmal als „Nein".

Mit der Antwortbeschränkung auf Ja oder Nein wird der Charakter der geschlossenen Fragen deutlich: Sie verlangen eine klare Stellungnahme und deswegen kurze und knappe – häufig sogar Ein-Wort-Antworten. Wenn Sie jemanden fragen, wie spät es ist, möchten Sie (wahrscheinlich) keinen geschichtlichen Abriss der Zeitmessung von den Sumerern bis heute, sondern schlicht und einfach die aktuelle Uhrzeit. Punkt.

Der Vorteil von geschlossenen Fragen ist, dass sie Klarheit schaffen und eine Richtung vorgeben: Jetzt muss man Farbe bekennen.

FRAGEN STELLEN

Das erreichen Sie mit geschlossenen Fragen:

▶ Herbeiführen von Entscheidungen

Entscheidungen herbeiführen.

Am deutlichsten wird das wohl vor dem Standesamt oder in der Kirche:
„Willst du ... – so antworte mit ja".

Doch muss die Situation nicht so dramatisch sein. Geschlossene Fragen brauchen Sie auch, um alltägliche und besondere Verabredungen zu treffen, wie etwa in unserem Rollenspiel:
„Haben Sie morgen um 14:00 Uhr Zeit für eine Besprechung?"
Oder:
„Kann ich jetzt davon ausgehen, dass unsere Zusammenarbeit unter den eben besprochenen Bedingungen zu Stande kommt?"

Viele Verkäufer scheuen die geschlossene Frage
„Wollen Sie nun abschließen – oder nicht?",
aus Angst vor dem „Nein", um dann weiterhin Zeit und Arbeit in Kunden zu investieren, die am Ende doch nicht kaufen. Ist es da nicht besser, das „Nein" als „Nein" zu akzeptieren – und dann die freie Energie in einen neuen Kunden zu investieren?

Formulieren Sie zu diesem Fragetyp zwei eigene Beispiele:

-A^{ktion}

....

....

....

FRAGEN STELLEN

▶ Verallgemeinerungen und Anonymisierungen aufheben

– *„Man hat den Vorschlag abgelehnt."*

Aha. Wer ist „man"? Wer genau hat den Vorschlag abgelehnt?

– Ein Mitarbeiter sagt: *„Ich habe das Gefühl, dass die ganze Abteilung gegen mich ist."*

Ist es wirklich die ganze Abteilung oder sind es nicht vielmehr einzelne? Anders gefragt: Wer genau ist gegen ihn?

– Neulich beschwerte sich ein Kollege: *„Immer muss ich die Kastanien aus dem Feuer holen!"*

Die kurze Nachfrage *„Wirklich immer?"* ergab schnell, dass es sich lediglich um zwei Fälle handelte.

Prüfung/Konkretisierung einer Information

Man, alle, immer, jeder – das sind Verallgemeinerungen und Anonymisierungen, bei denen der klare Rückbezug zum Adressaten oder zur Situation verloren gegangen ist. Hier gilt es mit Fingerspitzengefühl zu agieren, denn Verallgemeinerungen und Anonymisierungen haben häufig den Sinn, Informationen (un-)bewusst zurückzuhalten. Und je besser die Beziehung zu Ihrem Gesprächspartner ist, desto eher wird er mit Ihnen diese Vernebelungsschleier lüften. Dieses „Genauern" einer Information ist ein wichtiger Schritt bei der Suche nach qualitativ guten Lösungen.

–A^{ktion} Formulieren Sie zu diesem Fragetyp zwei eigene Beispiele:

....

....

....

▶ Reduzieren der Wahl- und Antwortmöglichkeiten

– „Passt Ihnen die 32. oder 33. KW besser?"
– „Und lieber Anfang der Woche oder Ende der Woche?"
– „Eher am Vormittag oder am Nachmittag?"

FRAGEN STELLEN

Hatten Sie schon einmal einen solchen Anruf? Tausende von Terminlegern telefonieren Tag für Tag quer durch Deutschland, um Termine z.B. für Finanzdienstleister abzumachen. Dabei reduzieren sie die Wahlmöglichkeiten für ihre Gesprächspartner oder Kunden auf zwei, freilich ohne das vorher anzukündigen. So ähnlich praktiziert das seit Jahren die Gastronomie:

„Möchten Sie lieber einen Tee oder einen Kaffee?"

Diverse Antwortmöglichkeiten, wie z.B. dass Sie gar nichts trinken möchten – oder dass Sie lieber ein Mineralwasser möchten, sind damit ausgeklammert. Es gibt Menschen, die sagen, das sei manipulativ. Und vielleicht ist es das.

Wahlmöglichkeiten einschränken.

Der Vorteil: In Diskussionen oder Besprechungen werden Entscheidungen vorangetrieben. Greifen Sie die für Sie wichtigsten Punkte heraus und stellen Sie diese mit einer Alternativ-Frage in den Vordergrund:

„Gefällt Ihnen Vorschlag A oder Vorschlag B besser?"

Formulieren Sie zu diesem Fragetyp zwei eigene Beispiele:

-A^{ktion}

....

....

....

FRAGEN STELLEN

▶ Priorisieren, Bewerten und Aufdecken von Rangfolgen

– *„Lassen Sie uns jetzt eine Hitparade der Lösungsvorschläge machen. Wir suchen die Top 3. Welche Vorschläge kommen dafür in Frage?"*

– *„Gesetzt den Fall, wir wollten eine Rangfolge erstellen mit den beiden Kriterien: Das fällt uns am leichtesten – und das fällt uns am schwersten. Wie lautet Ihre Zuordnung?"*

– *„Spielen Sie doch jetzt bitte einmal Lehrer und benoten Sie die bisherigen Vorschläge mit den Ihnen bekannten Schulnoten."*

– *„Beschreiben Sie doch einmal die Atmosphäre in unserem Team – und nehmen Sie eine Skala als Hilfe. 1 bedeutet: könnte gar nicht besser sein – und 10 bedeutet: Ich weiß gar nicht, wie ich das noch aushalte."*

Priorisieren: Verengen Sie den Antwortkorridor.

Das Prinzip ist ähnlich dem des vorherigen Typus, beschränkt sich aber nicht auf zwei Antwortmöglichkeiten. Auch hier wird der Antwortkorridor verengt und das Gespräch in Richtung Entscheidung vorangetragen.

A^{ktion} Formulieren Sie zu diesem Fragetyp zwei eigene Beispiele:

....

....

....

....

▶ Offene Fragen

FRAGEN STELLEN

Eine offene Frage ist eine Einladung an Ihren Gesprächspartner zu erzählen und zu berichten, damit Sie ihn oder die Sachlage verstehen. Offene Fragen sind Fragen, die nicht mit Ja oder Nein beantwortet werden können.

Mit offenen Fragen öffnen Sie das Scheunentor – um viel hineinzulassen. Mit ihrer Hilfe generieren Sie Informationen im großen Stil. Fast alle Fragen, die mit einem W beginnen, sogenannte W-Fragen, sind offene Fragen. Also zum Beispiel *Wer, Wie, Was, Wann, Wohin und Warum*. Mit ihnen erschließen sich Kinder und Wissenschaftler die ganze Welt.

Das erreichen Sie mit offenen Fragen:

▶ Generieren von Informationen

Informationen beschaffen.

„Wie erklären Sie sich, dass so viele ausgewiesene Börsianer den Kurssturz der vergangenen Jahre nicht für möglich gehalten hätten?"

Diese Frage aus dem Interview eines Wirtschaftexperten hatte einen mehrminütigen Monolog zur Folge. Und genau das war auch beabsichtigt: den Gesprächspartner motivieren, Informationen zu geben und Einschätzungen zu äußern. Wenn Sie mit einer Situation nicht vertraut sind oder einen Sachverhalt noch nicht verstehen, kommen Sie nicht drum herum, offene Fragen zu stellen.

Formulieren Sie zu diesem Fragetyp zwei eigene Beispiele:

-*A*<u>*ktion*</u>

....

....

....

FRAGEN STELLEN

▶ Transparenz schaffen von Interessen, Motiven und Hintergründen

– *„Worauf legen Sie besonderen Wert?"*

– *„Auf welcher Grundlage treffen Sie Ihre Entscheidung?"*

– *„Welche Auswahlkriterien haben Sie?"*

– *„Welches Ziel verfolgen Sie damit?"*

– *„Welche Anforderungen haben Sie an ...?"*

Transparenz schaffen. Immer wenn es darum geht, die Interessen, Hintergründe und Motive Ihres Gegenübers zu beleuchten, sind offene Fragen eine wirkungsvolle Hilfe.

–A^ktion Formulieren Sie zu diesem Fragetyp zwei eigene Beispiele:

....

....

....

Messbare Kriterien herausarbeiten.

▶ Objektive und messbare Kriterien herausfinden und festlegen

Nehmen wir einmal an, Ihr Vorgesetzter sagt, er wünsche sich erfolgreiche Mitarbeiter für seinen Unternehmensbereich. Schön und gut. Jetzt müssen Sie nur noch rauskriegen, was er unter erfolgreich versteht.

„Ja, ich möchte auch erfolgreiche Mitarbeiter. Sagen Sie, anhand welcher Kriterien können wir denn am Ende des Jahres sagen, dass unsere Mitarbeiter erfolgreich gewesen sind?"

Und somit verlassen Sie die Ebene des „Wahrscheinlich meint er dieses und jenes" und betreten ein ganz neues Feld: Sie vermeiden Störungen, weil Sie den Bedeutungsgehalt von Worten und Begriffen genau definieren. Das mag Sie und auch Ihren Gesprächspartner zunächst anstrengen und herausfordern – doch nachher wissen Sie genau, woran Sie sind.

FRAGEN STELLEN

Formulieren Sie zu diesem Fragetyp zwei eigene Beispiele:

-A^{ktion}

....

....

....

▶ Entwicklungen nachvollziehen

Kennen Sie Äußerungen wie *„Der Herzinfarkt kam wie aus heiterem Himmel."* oder: *„Auf einmal hat sich der Kunde nicht mehr gemeldet."*? Beiden Ereignissen gemeinsam ist, dass sie ohne Entwicklungsgeschichte dargestellt werden – was jedoch höchst unwahrscheinlich ist. Denn Krankheit oder auch Kundenunzufriedenheit entwickelt sich. Und nur das Nachvollziehen dieser Entwicklung lässt Sie verstehen, was da vorgegangen ist. Und nur so können Sie aus den Fehlern lernen und Wiederholungen zu vermeiden.

Entwicklungen nachvollziehen und bewerten.

Beim Herzinfarkt:
  „Berichten Sie uns doch einmal von Ihrem Tagesablauf und Ihren Gefühlen dazu, sagen wir, im Rückblick auf die letzen drei Monate."

Bei der Kundenunzufriedenheit:
  „Erzählen Sie doch einmal von den letzen Begegnungen mit dem Kunden. Worum ging's denn da?"

Aktion Formulieren Sie zu diesem Fragetyp zwei eigene Beispiele:

....

....

....

▶ Einen Perspektivwechsel einleiten

Appell an den Gesprächspartner, einen Perspektivwechsel vorzunehmen.

„Stellen Sie sich bitte einmal vor, Sie leben in einer strukturschwachen Region. Seit 21 Monaten sind Sie arbeitslos – Ihre einzige Perspektive sehen Sie mittelfristig in einer Ihnen bereits mündlich zugesicherten Arbeitsbeschaffungsmaßnahme (ABM). Auf einer Wahlveranstaltung in der Fußgängerzone spricht Sie der Vertreter einer Wirtschaftspartei an mit der These: ‚Wir müssen die ABMs abschaffen und uns voll und ganz auf den ersten Arbeitsmarkt konzentrieren.' Was sagen Sie dazu?"

Was auch immer Sie tun würden – und sicher gibt es für beide Standpunkte Argumente – in der Diskussion ist es ab jetzt schwerer, abgehoben theoretisch zu diskutieren.

Dieser Fragetyp enthält einen Appell an ihren Gesprächspartner, einen Perspektivwechsel vorzunehmen. Er schlüpft dann in die Rolle eines anderen Menschen und betrachtet das Problem aus dessen Sichtweise. Das ist nötig, weil wir in Gesprächen häufig aneinander vorbeireden und alles nur aus unserer Sichtweise sehen. Probleme können wir auf diese Weise gar nicht richtig erfassen. Besonders in festgefahrenen Situationen können projektive Fragen aus der Sackgasse führen, Verständnis wecken und die Eigenverantwortung hervorheben. In der Regel ist das auch für eine Problemlösung gewinnbringend und zwingend – um die andere Seite besser zu verstehen.

In Diskussionen können Sie mit diesem Fragetyp Feuer und Engagement entfachen.

Wenn Sie Verständnis für Ihre Situation erwecken wollen, bitten Sie Ihren Gesprächspartner, die Welt einmal aus Ihren Augen zu sehen. In einer Preisdiskussion kann das so aussehen:

> „Ich kann ja gut verstehen, dass Sie an der Stelle noch mal einen Nachlass haben möchten. Aber bitte versetzen Sie sich auch einmal in meine Lage. Ich habe jetzt wirklich alle Einsparungen, die möglich gewesen sind, direkt an Sie weitergegeben. Was würden Sie denn Ihrem Kunden sagen, wenn Sie absolut keinen Spielraum mehr hätten?"

FRAGEN STELLEN

Formulieren Sie zu diesem Fragetyp zwei eigene Beispiele:

-**A**ktion

....

....

....

▶ Handlungsalternativen entwickeln

> „Nehmen wir einmal an, Sie kommen zu Ihrem wichtigsten Kunden, betreten sein Büro, Sie drehen sich nach rechts, um auf die Ihnen so vertraute Gesprächsecke zuzusteuern – und dort sitzt bereits Ihr größter Mitbewerber. Wie reagieren Sie jetzt?"

Aktivieren Sie das Kino im Kopf Ihres Gesprächspartners.

Hier aktivieren Sie das Kino im Kopf Ihres Gesprächspartners, Sie bauen richtiggehend eine Szene auf – das Büro, die Gesprächsecke – und können jetzt für diese ganz bestimmte Situationen Handlungsoptionen besprechen und somit sich oder Ihrem Gesprächspartner schwierige Situationen ebnen. Denn: Besser, Sie stellen diese Frage, bevor Sie dann tatsächlich sprachlos vor dem Besprechungstisch stehen.

Aktion Formulieren Sie zu diesem Fragetyp zwei eigene Beispiele:

....

....

....

▶ Kraftressourcen anzapfen

Fragestellung mit motivierender Wirkung.

„Erinnern Sie sich bitte an Ihr letztes Projekt, das Sie ja sehr erfolgreich gemanagt haben. Da gab es doch die Situation Alpha, die Sie genial gelöst haben. Wie sind Sie dabei vorgegangen?"

Wir alle haben schwarze Tage. Dann können wir uns überhaupt nicht vorstellen, dass wir jemals im Leben eine vernünftige Idee zu irgendeinem Problem hatten. Um hier wieder in Kontakt mit der eigenen Kraft zu kommen, entwickelt der Gesprächspartner, ausgehend von der Erinnerung an eine positive erlebte Situation, eigene Lösungen und eigene Handlungsmuster – anstatt von vielen gutgemeinten Ratschlägen heimgesucht zu werden.

Aktion Formulieren Sie zu diesem Fragetyp zwei eigene Beispiele:

....

....

....

▶ Den eigenen Beitrag an gewünschten oder unerwünschten Entwicklungen vor Augen führen

„Wenn Sie es darauf anlegen, Ihren Kollegen auf die Palme zu bringen, was genau tun Sie dann?"

Fragen dieses Typs sind auch prima, wenn es darum geht, wechselseitiges Einflussnehmen zu verdeutlichen. Nehmen wir einmal an, ein Mitarbeiter hat in regelmäßigen und immer kürzer werdenden Abständen Stress mit seinem Kollegen und will das mit Ihnen besprechen. Um ihm den Zusammenhang zwischen seinem Verhalten und dem Verhalten seines Kollegen zu verdeutlichen, könnten Sie als geschulter Chef Ihrem Mitarbeiter die oben beschriebene Frage stellen.

Formulieren Sie zu diesem Fragetyp zwei eigene Beispiele:

....

....

....

Aber Vorsicht: Widerstehen Sie der Versuchung, den Bogen zu überspannen und zu viele Fragen zu stellen. Bei sehr vielen Fragen in Folge entsteht für Ihr Gegenüber schnell eine Verhörsituation. Vergessen Sie nicht, Ihrerseits Stellung zu beziehen, Ihre Standpunkte deutlich zu machen. Ansonsten sind Sie für den anderen nicht einschätzbar und die Bereitschaft, auf Ihre Fragen zu antworten, nimmt deutlich ab.

FRAGEN STELLEN

Wechselseitiges Einfluss-Nehmen verdeutlichen.

-A^{ktion}

FRAGEN STELLEN

3. Rollenspiel: Fragen stellen in der Praxis

(Die Beschreibung des Eingangsszenarios zu diesem Rollenspiel finden Sie auf Seite 14)

In einer realen Gesprächssituaton – und eben auch in der Führungskommunikation – ist die Kompetenz des Fragenstellens für beide bedeutsam, für die Führungskraft und den Mitarbeiter. Die oben benannten Beispiele lassen sich leicht auf unser Rollenspiel übertragen. Auf einige ausgewählte Aspekte gehen wir jetzt noch einmal besonders ein:

Dem Mitarbeiter Siegfried Spieler geht es zunächst einmal darum auszuleuchten, was mit den Protokollen schiefgelaufen sein soll. Und auch darum, ob das wirklich alles in seinen Verantwortungsbereich fällt. Es geht also ums Genauern, ums Zuspitzen – und damit zu Beginn um eher geschlossene Fragen.

> „Bevor ich da etwas zu meiner Verantwortlichkeit sagen kann, interessiert es mich doch, was da genau gelaufen ist. Sagen Sie mir doch bitte, welcher Kunde das war, um welches Protokoll handelt es sich und was genau soll da schief gelaufen sein? Habe nur ich an dem Protokoll gearbeitet, oder auch einer meiner Kollegen?"

Er könnte sogar noch einen Schritt weiter zurückgehen, um eine genaue Informationsplattform zu schaffen:

> „Und dann möchte ich auch gerne noch einen Blick in das Briefing des Kunden werfen – ganz einfach um sicherzugehen, dass wir da von den gleichen Voraussetzungen ausgehen."

Wahrscheinlich ist, dass sich Siegfried Spieler absichern würde, bevor er sich seinem Chef gegenüber mit privaten Themen outet:

„Kann ich sicher sein, dass das, was wir heute hier besprechen, unter uns bleibt? Welche Konsequenzen hätte es denn, wenn sich herausstellt, dass ich es tatsächlich verbockt habe?"

FRAGEN STELLEN

Die Führungskraft Controlé braucht Fragenkompetenz zunächst, um Eindeutigkeit herzustellen.

„Herr Spieler, für mich ist es jetzt erst einmal wichtig, dass wir in dieser Sache einer Meinung sind. Können Sie die Argumentation des Kunden nachvollziehen und glauben auch Sie, dass der Fehler bei uns liegt?"

Das Gespräch könnte dann so weitergehen, dass Siegfried Spieler, zunächst zögernd – im zunehmenden Gesprächsverlauf aber immer offener – über seine schwierige private Situation redet und Claus Controlé durch eine Reihe von offenen Fragen das Gespräch in eine konstruktive Richtung steuert:

„Herr Spieler, ich habe mal nachgeschaut und gesehen, dass Ihre Reklamationsquote in den letzten Jahren immer gegen Null lief. Haben Sie denn eine Idee, aus welchen Gründen sich das jetzt in den letzten Wochen verändert hat?"

„Jetzt haben Sie durchblicken lassen, dass es bei Ihnen privat zur Zeit nicht ganz so reibungslos läuft – wollen Sie mir da noch ein paar Worte mehr erzählen?"

„Lassen Sie uns doch einmal gemeinsam schauen, was zu der Zeit noch alles los war, hier in der Firma?"

„Gibt es etwas in Ihrem persönlichen Umfeld, was sich auf den Job auswirken könnte und worüber Sie mit mir reden möchten?"

FRAGEN STELLEN

Wenn das Problem auf dem Tisch liegt und hinreichend ausgeleuchtet wurde, kann die Suche nach ersten Lösungsansätzen beginnen:

"Gibt es etwas, das wir von der Abteilung aus tun können, um Sie in dieser schwierigen Phase zu unterstützen?"

"Herr Spieler, wenn Sie in meiner Rolle wären, was würden Sie tun, um Sie optimal zu unterstützen?"

Die beiden haben ein Problemfeld identifiziert. Claus Controlé ist gut beraten, wenn er die Qualität dieser Lösung noch einmal hinterfragt:

"Jetzt nehmen wir einmal an, die Sache mit Ihrem Eigenheim hätte sich so geregelt, dass Sie nachts wieder ruhig schlafen könnten. Hätten wir damit denn alle Störungsquellen ausgeklammert, oder gibt es noch andere Gründe und Ursachen, die die Situation im Vergleich zu früher ungut beeinflussen – z.B. die Zusammenarbeit im Team, die neue Struktur in unserer Firma oder Dinge, die wir bisher noch gar nicht angesprochen haben?"

4. FAQs zu Fragen stellen

Was mache ich, wenn mein Gesprächspartner ausweicht, Gegenfragen stellt oder nicht auf meine Frage eingeht?

▶ Fassen Sie zusammen, was Ihr Gesprächspartner sagt, und bitten Sie ihn, den Zusammenhang zu Ihrer Frage zu erläutern.

▶ Auch möglich:
– „Entschuldigen Sie, habe ich mit meiner Frage einen Bereich betreten, den Sie hier nicht thematisieren wollen?"
– „Ich habe eine Frage gestellt und noch keine Antwort wahrgenommen. Habe ich da etwas überhört? Bitte helfen Sie mir auf die Sprünge."
– „Sagen Sie, wie soll ich meine Frage verändern, damit Sie darauf antworten können?"

▶ Oder – wer es noch direkter mag:
– „Entschuldigung, darf ich Sie bitten, zunächst meine Frage zu beantworten?"
– „Das ist interessant, was Sie sagen, hat jedoch nichts mit meiner Frage zu tun."

Der Gesprächspartner schweigt und antwortet nicht. Ich hingegen brauche eine Antwort, z.B. aus terminlichen Gründen.

▶ Bitten Sie Ihren Gesprächspartner durch eine offene Frage um Stellungnahme:
„Es tut mir Leid, wenn ich mit meiner Frage etwas angesprochen habe, was Sie hier nicht besprechen wollen. Ist das so?"

▶ Unterstellen Sie eine Antwort und prüfen Sie, ob sie o.k. ist:
„Ich kenne die Gründe für Ihr Schweigen nicht – dennoch kann ich Ihr Verhalten akzeptieren. Gleichzeitig

FRAGEN STELLEN

bitte ich Sie um Verständnis für meine Situation, ich brauche bis morgen eine Entscheidung."

▶ Und jetzt kommt es sehr auf den Ton an:
„Ihr Schweigen werte ich deswegen als Zustimmung – und wenn Sie anderer Meinung sind, sagen Sie das bitte."

Nach der Frage zum Perspektivwechsel („Bitte versetzen Sie sich einmal in meine Lage ...") sagt mein Gegenüber: „Das ist nicht mein Problem."

▶ Damit befinden Sie sich in einer Sackgasse, aus der Sie wieder hinauskommen müssen. Verbalisieren Sie die Situation, in der Sie sich aktuell befinden:
– „Habe ich jetzt etwas Falsches gefragt?"
– „Oh, das verstehe ich grade gar nicht, dass Sie sich da so deutlich abgrenzen. Bitte sagen Sie mir einige Worte zu Ihrer Position."
– „Richtig, im Moment ist das nicht Ihr Problem. Wenn wir allerdings die partnerschaftliche Ebene verlassen, bekommen wir beide Probleme. Der eine früher, der andere später."
– „Es ist auch kein Problem – es ist eine Herausforderung."

Der Gesprächspartner ist von meiner Fragestellung und Fragedichte genervt.

▶ Machen Sie transparent, warum Sie Fragen stellen:
„Es tut mir Leid, wenn ich Ihnen damit auf die Nerven falle. Ich frage Sie, weil ich noch nicht alles verstanden habe – und weil ich eine für alle Beteiligten gute Lösung suche."

5. Checkliste

Fragen sollten sich immer auf ganz spezifische Situationen beziehen – und diese Situationen kann man in keiner Checkliste vorwegnehmen. „Checken" müssen Sie selbst. Zum Beispiel, indem Sie sich anhand der Checkliste aus dem Abschnitt Zielklarheit, S. 91 bewusst werden, welche Ziele Sie in dem Gespräch verfolgen. In der Vorbereitung zu wichtigen und schwierigen Gesprächen lohnt es sich, knifflige Fragen vorzuformulieren. Die entsprechenden Fragen können Sie leicht anhand der Überschriften in diesem Kapitel herausarbeiten.

Ob diese Fragen gut sind (also zielführend und beziehungsstärkend), erfahren Sie, indem Sie sie testen. An sich selbst oder bei Freunden und Kollegen.

Ansonsten sollten Sie sich die Dinge und Zusammenhänge notieren, die Sie noch nicht verstanden haben, zu denen Sie noch Informationen benötigen.

▶ Das ist mein Ziel:

  ....

▶ Dazu brauche ich noch Informationen:

  ....

▶ Das habe ich noch nicht verstanden:

  ....

▶ Speziell vorbereitete Fragen:

  ....

  ....

FRAGEN STELLEN

6. Das Wichtigste in Kürze

▶ Fragen sind wichtig, um klare Antworten zu bekommen, Informationen zu generieren, Ungenauigkeiten und flüchtige Wahrnehmungen genauer zu fassen und eigene Interpretationen prüfen zu können.

▶ Mit Gegenfragen können Sie Antworten vermeiden, Zeit gewinnen oder die Hintergründe der Fragen besser ausleuchten.

▶ Mit geschlossenen Fragen schaffen Sie Klarheit und geben eine Richtung vor: Jetzt ist „Farbe bekennen" angesagt.

▶ Geschlossene Fragen eignen sich besonders zum:
  - Herbeiführen von Entscheidungen (Ja oder Nein?)
  - Aufheben von Verallgemeinerungen und Anonymisierungen (Wer ist „man"?)
  - Reduzieren der Wahl- und Antwortmöglichkeiten (Plan A oder Plan B)
  - Priorisieren, Bewerten und Aufdecken von Rangfolgen (Lassen Sie uns eine Hitparade der Bewerber machen. Wer steht auf Platz 1, 2, ...)

▶ Mit offenen Fragen sprechen Sie eine Einladung an Ihre Gesprächspartner aus, zu erzählen und berichten, damit Sie sie oder die Sachlage verstehen.

▶ Offene Fragen eignen sich besonders zum:
  - Generieren von Informationen („Wie erklären Sie sich, dass ...")

  - Beleuchten der Interessen, Hintergründe und Motive Ihrer Gesprächspartner („Aus welchen Gründen ist der Service für Sie von besonderer Bedeutung?")

  - Herausfinden und Festlegen von objektiven und messbaren Kriterien („Erfolgreich? Was bedeutet das für Sie?")

- Entwicklungen nachvollziehen („Lassen Sie uns die Entwicklung einmal Schritt für Schritt nachvollziehen – wie ist es denn genau passiert?")
- Einleiten eines Perspektivwechsels („Wie würden Sie an meiner Stelle entscheiden?")
- Entwickeln von Handlungsalternativen („Welche weiteren Möglichkeiten haben wir, um auf diese Entwicklungen zu reagieren?")
- Andocken an positive Bilder („Erinnern Sie sich an Ihr letztes erfolgreiches Projekt – wie sind Sie dabei vorgegangen?")
- Verdeutlichen von wechselseitigen Einflussnahmen bzw. von eigenen Anteilen an gewünschten oder unerwünschten Entwicklungen („Wenn Sie Ihren Kollegen mal so richtig auf die Palme bringen wollen – wie gehen Sie dann vor?")

▶ Bitte halten Sie eines im Auge. Die Fragetechnik ist ein sehr wirksames Kommunikations-Instrument. Doch: Übertreiben Sie es nicht. Vergessen Sie nicht, Ihrerseits Stellung zu beziehen, Ihre Standpunkte deutlich zu machen. Ansonsten sind Sie für den anderen nicht erkennbar – und die Bereitschaft, auf Ihre Fragen zu antworten, nimmt drastisch ab.

▶ Vorsicht: Bei sehr vielen Fragen nacheinander entsteht für Ihr Gegenüber schnell eine „Verhörsituation".

FRAGEN STELLEN

FRAGEN STELLEN

7. Trainings-Tipps zu Fragen stellen

Die tiefste Verankerung erfahren Sie, wenn Ihre Teilnehmer zu den in diesem Kapitel vorgestellten Fragetypen Beispielfragen entwickeln – die sich auf kurz zu skizzierende Kontexte beziehen (z.B. Situation: Ich brauche einen Termin mit meinem Chef – der hat keine Zeit. Projektive Frage: Lieber Herr X, bitte versetzen Sie sich in meine Lage, was würden Sie tun, um einen Termin mit einem Vorgesetzten zu bekommen, der Ihnen immer wieder sagt: Ich habe keine Zeit?). Besprechen Sie die von den Teilnehmern entwickelten Fragen im Plenum.

Stellen Sie den Teilnehmern Rätsel vor – die nur unter Verwendung eines bestimmten Fragetyps gelöst werden dürfen. Dabei können Sie sich der einschlägigen Denksport-Literatur bedienen. Beispiel:

> „Lösen Sie folgendes Rätsel unter Verwendung ausschließlich geschlossener Fragen: Eine Familie wollte Skiurlaub machen – und ist in der Kabine verunglückt: Alle sind tot in der Kabine aufgefunden worden. Die Kabine stand komplett unter Wasser. Der nächste See war 500 m entfernt. – Was ist passiert?"
> (Auflösung: Die Familie ist bei der Anreise mit dem Schiff verunglückt.)

Reflektieren Sie den Gebrauch der Fragen im Anschluss an die Rollenspiele: Haben die Teilnehmer

- ▶ offene Fragen benutzt, um Infos zu generieren?
- ▶ Absprachen mit geschlossenen Fragen festgezurrt?
- ▶ projektive Fragen mit Perspektivwechsel gestellt?
- ▶ die Ressourcen der Gesprächspartner aktiviert?

Nutzen Sie die Zusammenfassung Das Wichtigste in Kürze, S. 164. Lassen Sie Ihre Mitarbeiter oder Teilnehmer Beispielfragen zu den jeweiligen Fragetypen formulieren und überlegen Sie, wie Sie diese in Ihren geschäftlichen Gesprächen einsetzen können.

4. Stellung beziehen: Wie Sie Ihre Meinung auf den Punkt genau formulieren

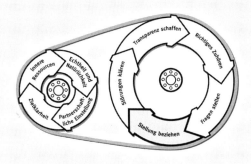

"Wenn drei Menschen zusammen sind und die gleiche Meinung haben, dann ist irgendwas nicht in Ordnung."

Johann Wolfgang von Goethe

Darum geht's:

Bis hierher haben Sie all die Kompetenzen aufgebaut, mit denen Sie die Interessen und Motive Ihres Gesprächspartners erkennen und verstehen: Transparenz schaffen und Strukturieren, Zuhören und Fragen stellen. Doch früher oder später müssen Sie Farbe bekennen, sagen, welcher Meinung Sie sind oder wo Sie in dem Entscheidungsprozess stehen. Sie müssen Behauptungen aufstellen und begründen, in anspruchsvollen Fragen hochwertige Lösungsoptionen entwickeln und mitunter auch komplex argumentieren. Dazu hält dieses Kapitel viele Tipps für Sie bereit.

Das ist Ihr Nutzen:

▶ Sie erreichen Ihre Gesprächsziele.

▶ Sie verbessern Ihre Fähigkeit, Dinge auf den Punkt genau zu formulieren – und reduzieren dadurch Nachfragen und Unklarheiten.

▶ Sie haben sprachliche Mittel an die Hand bekommen, um überzeugend zu argumentieren – und gehen dabei sowohl auf eher rational als auch auf eher emotional geleitete Menschen ein.

▶ Sie wissen Ihrem Gesprächspartner zu widersprechen, ohne ihn vor den Kopf zu stoßen.

▶ Sie sind qualifiziert, auch in schwierigen Gesprächssituationen konstruktive Lösungsoptionen zu entwickeln.

Aufbau des Kapitels:

1. Stellung beziehen: Behaupten und Begründen 168
2. Instrumente für wirkungsvolles Argumentieren 173
   - „Wenn-Dann"-Verknüpfung.. 174
   - „Problem-Ursache-Lösungs"-Schema.............................. 175
   - „Ziel-Istzustand-Weg zum Ziel"-Muster........................... 176
   - „Viererkette" 178
   - „Einerseits-Andererseits"-Schema 179
3. Fundgruben für die richtige Begründung 184
   - BEB/TEG... 184
   - Begründungen widerlegen 189
4. Optionen entwickeln... 190
5. Rollenspiel: Stellung beziehen in der Praxis....................... 194
6. FAQs zu Stellung beziehen.. 199
7. Checkliste.. 204
8. Das Wichtigste in Kürze.. 206
9. Trainings-Tipps zu Stellung beziehen 208

1. Stellung beziehen: Behaupten und Begründen

Mit einer klaren Stellungnahme positionieren Sie sich als einschätzbarer und kompetenter Gesprächspartner.

Mit einer klaren Stellungnahme positionieren Sie sich als einschätzbarer und kompetenter Gesprächspartner. Als Einstieg lernen Sie die Möglichkeiten kennen, die Ihnen die Instrumente Behaupten und Begründen bieten.

▶ **Behaupten**

Gehen wir vom Leichten zu Schweren und beginnen mit dem, was viele Menschen in ihrem Alltag am liebsten tun: Sie stellen eine Behauptung in den Raum und hoffen, dass sie sich damit durchsetzen. Zum Beispiel: *„Alle Politiker sind korrupt!"* Keineswegs möchte ich mich diesem Klischee anschließen. Es ist eine genauso falsche Verallgemeinerung wie *„Lehrer sind faul!"*. Doch wie schnell fällt so ein Satz in erhitzten Diskussionen – und ist nichts weiter als eine Aussage ohne jede Begründung oder Erklärung.

Bezogen auf die beabsichtigte Wirkung muss das kein Nachteil sein. Im Gegenteil: Unter bestimmten Bedingungen haben Behauptungen eine große Durchschlagskraft:

▶ Wenn Behauptungen in das Weltbild Ihres Gesprächspartners passen – oder wenn Sie der bereits festen Meinung Ihres Gesprächspartners entsprechen. Zum Beispiel erhalten Sie unter Börsianern jederzeit Zustimmung mit der Behauptung: *„Der Shareholder Value motiviert die Manager zu Höchstleistungen."*

▶ Wenn Sie in den Augen Ihres Gesprächspartners eine Autorität darstellen. Das ist der Grund, warum Diskussionen häufig beendet sind, sobald sich der Chef zu Wort meldet – oder auch eine allgemein anerkannte Fachautorität, ein Experte, u.ä. *„Michelin produziert die besten Reifen."* Wer möchte diesem Statement widersprechen, wenn es Michael Schumacher ausgesprochen hätte?

▶ Wenn man die Behauptungen oft genug gehört hat. Wie heißt doch gleich das Waschmittel, von dem man weiß, was man hat? Natürlich Persil. Und woran denken Sie bei: *„Bin ich schon drin?"* An die eindeutig zweideutigen Werbeslogans von Boris Becker für AOL? Dann sehen Sie, wie wunderbar dieses Prinzip arbeitet. Und deswegen gehören Wiederholungen zu den ältesten rhetorischen Mitteln der Überzeugungskommunikation.

STELLUNG BEZIEHEN

Passen Ihre Behauptungen in das Weltbild Ihres Gegenübers, können Sie mit Begründungen sparsam umgehen.

Eines der ältesten rhetorischen Mittel: Die ständige Wiederholung einer Behauptung.

STELLUNG BEZIEHEN

Wer einfach nur Behauptungen in den Raum stellt, macht sich folgende Beobachtung zu Nutze: Unter Menschen gibt es einen stark ausgeprägten Impuls, einander zu widersprechen. Je weniger Sie Ihre Aussagen begründen, desto weniger Anhalts- und auch Angriffspunkte geben Sie Ihrem Gesprächspartner, um Ihnen in die Parade zu fahren.

Stellen Sie keine Behauptung auf, zu der Sie keine Begründung vorrätig haben.

Freilich sollten Sie nie eine Behauptung aufstellen, für die Sie keine Begründung in petto haben – das wäre doch zu peinlich, falls da mal jemand nachfragt und Sie haben keine einleuchtende Erklärung (nur ein versierter „Behaupter" kann beharrliches Nachfragen mit weiteren Behauptungen entkräften).

Mobbing: die Wiederholung negativer, unbegründeter Behauptungen.

Die Macht von unbegründeten Wiederholungen zeigt sich im negativen Sinne beim Thema Mobbing. Denn Mobbing ist nichts anderes als immer wieder neu aufgestellte Behauptungen, die nicht begründet werden oder auch nicht begründet werden können. Und weil der Gemobbte nicht dabei ist, wenn gemobbt wird, hat er auch keine Chance, etwas dagegen zu unternehmen.

▶ Begründen

Je sachbezogener das Gespräch, desto wichtiger die Begründung.

Je sachbezogener ein Gespräch wird, desto wichtiger wird es, Ihre Ansichten und Meinungen mit guten Gründen zu unterlegen. Begründungen werden meistens mit dem Wörtchen „weil" eingeleitet, und manchmal scheint dieses „weil" so etwas wie ein Sesam-öffne-Dich zu sein.

Bestätigt wird dieser Eindruck durch einen Versuch, den die Sozialpsychologin Ellen Langer beschreibt. Sie bat Leute, die vor dem Kopierer einer Bibliothek anstanden, um einen kleinen Gefallen:

„Würden Sie mich bitte vorlassen, weil ich es sehr eilig habe?" 94 Prozent (!) gewährten ihr Vorlass. Der nächste

Versuch sich vorzudrängeln, diesmal ohne Begründung, schien die Notwendigkeit einer stichhaltigen Erklärung zu bestätigen: „Würden Sie mich bitte vorlassen?" Okay sagten ca. 60 Prozent, mehr als 40 Prozent zeigten ihr die kalte Schulter. Nun ist Langer Wissenschaftlerin und ging den Dingen auf den Grund. So unternahm sie einen neuen Versuch: „Würden Sie mich bitte vorlassen, weil ich etwas zu kopieren habe?" Na, was auch sonst sollte sie an einem Fotokopierer machen?! Aber: Immerhin 93 Prozent (!) erhörten sie und ließen sie vor. Nicht die Qualität der Erklärung scheint also entscheidend zu sein, sondern allein schon die Tatsache, dass sich jemand Gedanken gemacht hat und dies – freilich in der richtigen Tonlage – mit dem Wörtchen „weil" zum Ausdruck bringt.

STELLUNG BEZIEHEN

Das „Kopierer"-Experiment.

Das deckt sich mit unseren Alltagserfahrungen:

▶ Nicht der objektive Wahrheitsgehalt entscheidet über Erfolg oder Misserfolg, sondern das, was dem Empfänger in der jeweiligen Situation als überzeugend oder akzeptabel erscheint.

Nicht der objektive Wahrheitsgehalt zählt, sondern das, was dem Empfänger als akzeptabel erscheint.

Und dann noch ein Königstipp für erfolgreiches Argumentieren – diesmal verpackt in einer kleinen Geschichte von Mark Twain:

„Es predigte statt des Pfarrers ein Missionar, der eine prachtvolle Stimme hatte. In ergreifender Schlichtheit erzählte er von dem Leiden der Neger. Ich war so gerührt, dass ich statt der 50 Cents, die ich zu opfern gedachte, die Spende verdoppeln wollte.

Die Schilderungen des Missionars wurden immer eindringlicher und ich nahm mir vor, meine Gabe weiter zu steigern: auf zwei, drei, fünf Dollar. Schließlich war ich dem Weinen nahe. Ich fand, alles Geld, das ich bei mir trug, reiche nicht, und ich tastete nach meinem Scheckbuch.

STELLUNG BEZIEHEN

Präsentieren Sie nicht alle verfügbaren Begründungen, sondern nur die zwei wichtigsten.

Der Missionar aber redete und redete, und die Sache wurde mir allmählich langweilig. Ich ließ die Idee mit dem Scheckbuch fallen und ging auf fünf Dollar zurück. Der Missionar redete. Ich dachte: Ein Dollar genügt. Der Missionar redete. Als er fertig war, legte ich zehn Cents auf den Teller."

▶ Präsentieren Sie nicht alle vorhandenen Begründungen auf einmal – präsentieren Sie am besten nur eine oder zwei.

Die richtige Begründung, richtig platziert, hat schon vielen Menschen einen hoffentlich verdienten Sonderurlaub eingebracht:

Mitarbeiter (zum Chef): *„Sicher haben Sie mitbekommen, dass ich die letzten 3 Monaten quasi ununterbrochen gearbeitet habe – ich war so gut wie kein Wochenende und keinen Abend vor 19:00 Uhr zu Hause."*

Chef: *„Nein, aber gut, dass Sie mir das sagen."*

Mitarbeiter: *„Ja, und das war ja nicht alles. Ich habe zwei neue Kollegen eingearbeitet, die mich von morgens bis abends mit Fragen durchlöchert haben."*

Chef: *„Oh je, den Stress kann ich nachvollziehen."*

Mitarbeiter: *„Sehen Sie, und deswegen brauche ich mal ein paar freie Tage, um durchzuatmen und um den Akku wieder aufzuladen."*

Chef: *„Okay. Lassen Sie uns gemeinsam überlegen, wie wir die anstehenden Arbeiten verteilen, und dann will ich Sie in der nächsten Woche hier nicht mehr sehen."*

Geschickt. Anders vorgetragen hätte es leicht Probleme geben können. Wenn Sie beispielsweise zu Ihrem Chef gehen und sagen: *„Ich brauche ein paar Tage Sonderurlaub, weil ..."* – werden bei ihm wahrscheinlich ab dem

Wörtchen „weil" die roten Lampen angehen. Weil Sie mit Ihrer Forderung direkt ins Haus fallen und er vor scheinbar vollendete Tatsachen gestellt wird. Viele Fragen gehen ihm vermutlich durch den Kopf: Wie soll er das vor Ihren Kollegen vertreten; was ist, wenn erst einer damit anfängt, mit welcher Lawine muss er da rechnen ...

Führen Sie mit Begründungsketten zum Gesprächsziel.

Tipp: Leichter machen Sie es sich wie oben beschrieben, wenn Sie also zunächst mit Ihren Begründungen beginnen und Ihrem Gesprächspartner die Möglichkeit geben, Ihnen auf diesem Wege zu folgen.

2. Instrumente für ein wirkungsvolles Argumentieren

Begründungen und Behauptungen, geschickt miteinander kombiniert, ergeben sehr wirkungsvolle Instrumente in der Alltagsargumentation: Zum Beispiel in spontan anberaumten Gesprächen, Meetings und allen Situationen, in denen schnelle Lösungen verlangt werden.

In der einschlägigen Literatur finden sich mehrere Dutzend Argumentationsfiguren. Hier stelle ich Ihnen die aus meiner Sicht effektivsten Figuren vor. Lernen Sie jetzt fünf überzeugende Argumentations-Tools kennen, die Sie in 100 Prozent Ihrer Argumentations-Anlässe einsetzen können:

▶ **Die „Wenn-Dann"- oder auch „Problem-Lösungs"-Verknüpfung**

> „**Wenn** Sie Ihre Key-Account-Kunden verstehen wollen, **dann** müssen Sie sie besuchen."

oder auch:

STELLUNG BEZIEHEN

Das Prinzip: Hier werden Elemente verknüpft, die (manchmal nur scheinbar) logischerweise zusammengehören oder einander bedingen.

Problem: *„Sie wissen zu wenig von Ihren Kunden."*
Lösung: *„Fahren Sie deswegen sofort los und reden Sie mit ihnen."*

In der „Wenn-Dann"- bzw. der „Problem-Lösungs"-Verknüpfung werden Elemente miteinander verknüpft, die logischerweise zusammengehören, einander bedingen. In dieser kompakten Form, auf den Punkt genau formuliert, verstärken Sie Ihre Argumentationskraft enorm. Und es lohnt sich wachsam zu sein, ob die Verknüpfungen wirklich logisch sind oder ob nur der Eindruck erweckt werden soll, dass sie logischerweise zusammengehören und es zu der vorgeschlagenen Lösung keine Alternative gibt.

In obigem Beispiel wird der Eindruck erweckt, dass der einzig mögliche Weg zum Verstehen der Kunden im Besuchen des Kunden liegt. Weitere mögliche Wege wie Telefonieren, eine Einladung an den Kunden, der Hinweis auf eine Messeveranstaltung etc. werden großzügig außen vor gelassen. Ebenso die Tatsache, dass manche Kunden gar nicht besucht werden wollen.

Und ob der Gesprächspartner den Kunden wirklich verstehen will, ist letztlich auch nicht mehr als eine Behauptung. Erinnern Sie sich? Nicht der objektive Wahrheitsgehalt entscheidet über Erfolg oder Misserfolg, sondern das, was dem Empfänger als überzeugend oder akzeptabel erscheint – unter Umständen auch wegen eines besonders wirkungsvollen Vortrags.

—A^{ktion} Wollen Sie es selbst einmal mit einem Beispiel aus Ihrer aktuellen Arbeitssituation versuchen?

....

....

....

▶ **Das „Problem-Ursache-Lösungs"-Schema**

Problem:
„Die Kunden fühlen sich von Ihren neuen Konzeptionen überhaupt nicht angesprochen."
Ursache:
„Das kommt daher, dass Sie überhaupt nicht wissen, wie der Alltag der Kunden aussieht."
Lösung:
„Deswegen sollten Sie sich jetzt schleunigst ins Auto setzen, drei Kundenbesuche pro Woche absolvieren und dabei tief in die Welt des Kunden eintauchen."

STELLUNG BEZIEHEN

Was ist jetzt passiert? Der „Problem-Lösungs"- oder „Wenn-Dann"-Satz ist angereichert worden um eine Ursache, warum es überhaupt zu dem Problem kommen konnte. Der Vorteil: Die Lösung oder Schlussfolgerung erscheint plausibler.

Prinzip: Der Wenn-Dann-Satz ist um eine Ursache angereichert. Damit scheint die Lösung plausibler.

Auch das Instrument sollten Sie ruhig einmal mit einem eigenen Beispiel trainieren.

-A<u>ktion</u>

....

....

....

....

Schauen Sie nun, was sich in der folgenden Argumentationsfigur durch eine weitere kleine Umstellung verändert ...

STELLUNG BEZIEHEN

▶ **Das „Ziel-Istzustand-Weg zum Ziel"-Muster**

Ziel:
„Ich sehe uns als den Dienstleister, der in der Branche die engsten und kooperativsten Beziehungen zu seinen Kunden hat und immer optimal über deren Bedürfnisse informiert ist."

Ist-Zustand:
„Im Moment ist es so, dass unsere Konzepte und Lösungsentwürfe an der Realität der Kunden vorbeigehen. Genau genommen haben wir keine Ahnung, welche Herausforderungen unsere Kunden Tag für Tag bewältigen."

Weg zum Ziel:
„Lassen Sie uns deswegen noch heute damit beginnen, Besuchspläne auszuarbeiten, und den Kunden signalisieren, dass wir ab jetzt voll und ganz entschlossen sind, mit ihnen gemeinsam ihre Probleme zu lösen."

Prinzip: Das, was erreicht werden soll, leitet die Argumentation ein.

Der Ziel-Zustand, das was erreicht werden soll, leitet die Argumentation ein. Diese kleine Umstellung kann eine ungeheuer große Wirkung haben: Je strahlender das Ziel ist und je genauer es die Wünsche und Motive Ihrer Gesprächspartner trifft, desto offener werden diese und desto weniger kritisch verfolgen sie Ihre Argumentation. Wenn dieses Ziel gar zur Vision wird, kann sich sogar jede weitere Argumentation erübrigen.

Zur Vision: Eine Geschichte von John F. Kennedy.

Überliefert ist eine Geschichte von John F. Kennedy. Kurz vor seinem Tod 1962 gab es ein Symposium mit den besten Wissenschaftlern der USA, die ihm in zwei Tagen darlegten, warum eine bemannte Raumfahrt nicht möglich ist. Kennedy hat sich das alles angehört und es unkommentiert im Raum stehen lassen. Am Ende der Veranstaltung hat er seine Vision offenbart:

„Meine Herren, ich habe ein Bild vor meinen Augen, und das will einfach nicht verschwinden: Ich sehe einen Mann auf dem Mond – und dieser Mann ist ein Amerikaner. Ich erkenne unsere Flagge auf dem rechten Oberarm seines Raumanzugs – und er hält eine große amerikanische Flagge in der Hand, die er unweit des Raumschiffes auf der Oberfläche des Mondes hisst. Ich weiß, dass wir im Moment noch nicht soweit sind. Aber ich weiß, dass Sie die besten in Ihrem Fach sind und die besten und umfassendsten technischen Ressourcen haben. Wir haben das Potenzial. Und ich wünsche mir, dass dieser Traum auch Ihr Traum wird – lassen Sie uns gemeinsam mit allem, was wir haben, daran arbeiten. God bless America."

STELLUNG BEZIEHEN

Sieben Jahre später haben über eine Milliarde Menschen an den Fernsehern verfolgt, wie Neil Armstrong die amerikanische Flagge auf den Mond hisste.

Dieses Instrument sollten Sie für sich einmal testen:

-**A**^{ktion}

....

....

....

....

Mit der „Wenn-Dann"-Verknüpfung, dem „Problem-Ursache-Lösungs"-Schema und dem „Ziel-Istzustand-Weg zum Ziel"-Muster sind Sie mit drei probaten und sehr effizienten Argumentationsmustern bekannt geworden. Lernen Sie jetzt zwei Klassiker kennen, die „Viererkette" und das „Einerseits-Andererseits"-Schema.

STELLUNG BEZIEHEN

Beide sind nachhaltig erprobt und nach einigem Training universell einsetzbar. Die „Viererkette" verdeutlicht Ihre Ansichten und Stellungnahmen sehr anschaulich und zeigt gleichzeitig die nächsten Schritte auf. Mit dem „Einerseits – Andererseits"-Schema nehmen Sie die Meinung Ihres Gesprächspartners auf und kommen dann zum gleichen Schluss wie er, zu einem ganz anderen Ergebnis oder zu einem Kompromiss.

Schauen wir uns beide einmal mit einem Beispiel an:

▶ **Die „Viererkette"**

1. These/Behauptung	Wer erfolgreich sein will, muss sich auf eine Sache konzentrieren,
2. Begründung	weil er nur so der Gefahr entgeht, sich in zu vielen Aktivitäten zu verzetteln.
3. Beispiel/Bild	Schauen Sie sich einmal Leistungssportler an. Da ist eine Festlegung auf eine Sportart ganz selbstverständlich. Jemand wird als Radfahrer, Fußballspieler oder Stabhochspringer erfolgreich – aber nie in allen drei Sportarten gleichzeitig. Bei Nobelpreisträgern ist es genauso. Die konzentrieren sich auf ein Spezialgebiet, und hier meistens nur auf eine Problemstellung. So kommen sie zu Ruhm und Ehre.
4. Folge/Konsequenz	Also: Finden Sie heraus, auf welchen Bereich Sie sich konzentrieren wollen, und fangen Sie dann an, erfolgreich zu werden.

Die Viererkette: das „Schwert der Klarheit".

Die Kraft der Viererkette liegt in ihrer großen Klarheit, weshalb ich sie in meinen Seminaren häufig als das „Schwert der Klarheit" vorstelle. Wie die Perlen an einer Schnur folgen Begründung, Beispiel und Konsequenz der Behauptung. Gleichzeitig werden damit die wesentlichen Fragen in Gesprächen und Meetings beantwortet:

„Warum sollten wir uns Ihrer Meinung anschließen?"
Das ist die Frage nach der Begründung.

„Haben Sie mal ein Beispiel?"
Jetzt geht's darum, die These bildhaft an einem konkreten Beispiel zu verdeutlichen. Hier dürfen Sie das Kino im Kopf anwerfen, um plastische Bilder zu erzeugen.

„Und was machen wir jetzt damit?"
Schließlich verlangt der Gesprächspartner nach der Konsequenz Ihrer Ausführungen: Was soll jetzt passieren?

STELLUNG BEZIEHEN

▶ **Das „Einerseits-Andererseits"-Schema**

1. Behauptung/These	Sie sagen, dass man sich auf eine Sache konzentrieren muss, um erfolgreich zu sein.
2. Einerseits	Dafür spricht, dass es in der Tat viele Beispiele gibt, die diese These belegen – vor allem aus dem Sport und der Wissenschaft. Mir fällt da spontan Boris Becker ein. Der hatte sich ganz früh festgelegt, nichts anderes als Tennis zu machen und hat es bis zum Wimbledon-Sieg gebracht.
3. Andererseits	Auf der anderen Seite ist es so, dass eine extreme Spezialisierung blind macht für andere wichtige Aspekte des Lebens. Wenn also jemand nur noch trainiert oder forscht, verliert er den Kontakt zu anderen Menschen und kann keine soziale Kompetenz aufbauen. Da passiert es schnell, dass z.B. ein Fußballer nicht mehr in der Lage ist, gute von schlechten Beratern zu unterscheiden. Dann fließt sein Vermögen in die Taschen von zwielichtigen Managern – und die Spezialisierung nützt ihm nichts.
4. Meine Sicht	Ich denke, dass eine Spezialisierung allein nicht ausreicht, um erfolgreich zu sein. Sie muss flankiert werden von anderen Erfolgsfaktoren wie zum Beispiel sozialer und kommunikativer Kompetenz.
5. Folge/Konsequenz	Vergessen Sie deswegen nie, über den Tellerrand Ihres Aktionsfeldes hinauszuschauen und erwerben Sie sich neben Ihrem Spezialwissen die Schlüsselkompetenzen, ohne die Sie die Früchte Ihrer Arbeit nicht ernten können.

STELLUNG BEZIEHEN

Prinzip: Wertschätzender Umgang mit dem Beitrag des Gesprächspartners durch das Aufgreifen seiner Position. Das schafft Klarheit und die Bereitschaft des anderen, sich mit Ihrer Position auseinanderzusetzen.

Sie merken bereits, im Unterschied zur Viererkette ist das „Einerseits-Andererseits"-Schema sehr viel dialogischer angelegt, weil Sie die Position Ihres Gesprächspartners explizit aufnehmen.

Das Besondere bei diesem Schema ist die Art und Weise, wie Sie mit dem Beitrag Ihres Gesprächspartners umgehen:

In **Phase 1** geben Sie den Beitrag nämlich mit eigenen Worten wieder, und in **Phase 2** vollziehen Sie die Begründung noch einmal nach („Einerseits …"). Und dieses Nachvollziehen ist mehr als ein „Ja, aber …", denn das wäre reine Makulatur. Es ist ein wirkliches Ernst-Nehmen der anderen Position, mit dem Sie Ihrem Gesprächspartner Ihre Wertschätzung ausdrücken. Aber Vorsicht: Das funktioniert nur, wenn Sie es wirklich ernst meinen. Wenn nicht, kommt sofort das „Ja, aber …"-Gefühl auf. Tipps zum Üben finden Sie im Abschnitt Richtiges Zuhören, S. 121 ff.

Ihr Vorteil: In der ersten Phase stellen Sie noch einmal sicher, dass Sie Ihren Gesprächspartner auch richtig verstanden haben – und verhindern so, dass Sie sich in einer Argumentation vergaloppieren, die gar nicht nötig ist. Das ist außerdem gut für Ihr Gegenüber, weil sich darin eine große Wertschätzung ausdrückt.

Mit dem „Andererseits" in **Phase 3** führen Sie weitere Punkte in die Argumentation ein, die das Thema von einer anderen Seite beleuchten. Und das ist auch gut so, schließlich hat jede Medaille zwei Seiten. Und weil Sie die Position Ihres Gesprächspartners in Phase 2 so wertschätzend aufgenommen haben, ist dieser jetzt sehr viel leichter bereit, sich mit der anderen – mit Ihrer – Position auseinanderzusetzen und sich darauf einzulassen.

Zu einem wirklichen Schluss kommen Sie erst in **Phase 4**. Bis dahin können Sie sprechend denken und Ihre Position entwickeln. Wie die dann aussieht, ist nicht vorgeben. Folgende Alternativen sind denkbar:

▶ Sie finden einen Kompromiss aus beiden Positionen – wie in obigem Beispiel (Spezialisierung plus Schlüsselkompetenzen).

▶ Sie kommen zu einem ganz anderen Ergebnis (Spezialisierung ist out – Generalisten sind gefragt).

▶ Sie schließen sich der Meinung Ihres Gesprächspartners an (Spezialisierung zum Credo machen).

▶ Sie kommen auf einen völlig neuen Gedanken (das Fach Erfolg in der Schule einführen, damit jeder lernt, wie er in seiner Art erfolgreich sein kann und worauf er dabei achten muss).

▶ Sie vertagen eine Entscheidung und holen bis dahin weitere Meinungen ein.

Durch das wertschätzende Aufnehmen im zweiten Schritt nimmt das „Einerseits-Andererseits"-Schema Spannung aus kontrovers geführten Gesprächen und ist damit ein Universalmittel, um mit Einwänden umzugehen.

Probieren Sie diese beiden Instrumente doch gleich mal aus. Denken Sie an Ihren letzten Argumentationsanlass und bauen Sie dazu jeweils eine „Viererkette" und ein „Einerseits – Andererseits"-Schema. Die Vorlagen für beide Schemata finden Sie auf der folgenden Seite.

STELLUNG BEZIEHEN

Vorteil:
Diese Technik nimmt die Spannung aus kontrovers geführten Gesprächen.

A^{ktion}  **Die „Viererkette"**

1. These/Behauptung	▶ ....
2. Begründung	▶ ....
3. Beispiel/Bild	▶ ....
4. Folge/Konsequenz	▶ ....

Das „Einerseits-Anderseits"-Schema

1. These/Behauptung	▶
2. Einerseits	▶
3. Andererseits	▶
4. Meine Sicht	▶
5. Folge/Konsequenz	▶

STELLUNG BEZIEHEN

3. Fundgruben für die richtige Begründung

Je wichtiger das Gespräch ist und je hochkarätiger die Besetzung ist, desto stärker rücken die Begründungen in den Mittelpunkt. Fragt sich nur, wo die stichhaltigen Gründe herkommen sollen – und welche Menschen was am stärksten überzeugt. Je besser Sie einen Menschen kennen und je mehr Informationen Sie von ihm haben, desto treffsicherer können Sie sagen, was ihn überzeugt. Deswegen ist das genaue Zuhören (siehe auch Seite 121) und das gezielte Fragen (siehe auch Seite 143) besonders bei den Menschen so wichtig, die Sie nicht kennen. Denn nur so erfahren Sie etwas über deren Interessen und Motivationen.

Je besser Sie Ihren Gesprächspartner kennen, desto genauer können Sie voraussagen, was ihn überzeugt.

Emotionale und rationale Begründungskategorien.

Darüber hinaus haben Sie im Abschnitt Partnerschaftliche Einstellung, S. 59 das Thomann/Riemann-Modell zum Verständnis von menschlichen Unterschiedlichkeiten kennen gelernt, festgemacht an den Motiven Nähe, Distanz, Dauer und Wechsel. So gibt es Menschen, denen die klare Struktur und die Dauerhaftigkeit von Lösungen am wichtigsten ist, und andere, die Originalität und das „gewisse Etwas" zum Entscheidungskriterium machen. In Anlehnung daran können wir sehr vereinfacht sagen: Der eine möchte eher emotional angesprochen werden, der andere eher rational.

▶ **BEB/TEG**

Lernen Sie jetzt jeweils drei emotionale und drei rationale Begründungskategorien kennen, am Beispiel einer Besprechung im Nachgang zu einem Bewerbungsgespräch.

Bitte stellen Sie sich vor: Die Bewerberin hat soeben den Raum verlassen, und jetzt sitzen der Geschäftsführer, der Personalentwickler und der Teamleiter zusammen, um zu einer Entscheidung zu kommen.

Folgende Gründe werden zuerst geäußert:

> 1. „Ich finde, wir sollten sie einstellen – denn ich habe die ganze Zeit über ein unheimlich gutes Gefühl gehabt. Die passt zu uns."
>
> 2. „Bisher war es immer so: Habe ich ein gutes Gefühl, klappt das mit den Bewerbern. Das war beim Koslowski so und beim Sidura ebenso." Oder:
> „Meine Erfahrung sagt mir: So wie die Frau sich hier vorgestellt hat, das war nicht gekünstelt, die ist eine ehrliche Haut – und so eine brauchen wir hier bei uns."
>
> 3. „Ihr Vater arbeitet doch schon seit 18 Jahren in unserem Stammhaus in München. Und ich sage nur: Der Apfel fällt nicht weit vom Stamm."

STELLUNG BEZIEHEN

Das alles sind Argumente für die emotionale Ansprache: Begründungen aus dem Gefühl oder auch dem **Bauch** (1.) heraus, mit am eigenen Leib gemachten **Erfahrungen** (2.) und in Volksweisheiten verdichteten Sprüchen und **Bildern** (3.). Und jeder, der schon einmal mit Personalauswahl zu tun hatte, weiß, wie wichtig der „Bauchfaktor" ist und wie mächtig das „Ich-habe-ein-gutes-Gefühl-Statement" des Geschäftsführers ist.

Emotionale Begründungskategorien:
- *Bauch*
- *Erfahrungen*
- *Bilder (BEB)*

Dann geht es mit den „harten Fakten" weiter:

> 4. „Wenn wir einmal die Stellenausschreibung vergleichen mit dem Lebenslauf der Bewerberin: das passt wie die Faust auf's Auge. Sie hat den Job von der Pike auf gelernt, das Fachhochschulstudium mit einer Eins abgeschlossen und zwei Jahre bei einem Mitbewerber gearbeitet. Was wollen wir mehr?"
>
> 5. „Ich sehe hier gerade ein Empfehlungsschreiben ihres Professors, Herrn Dr. Hugendubel. Das ist ja eine Kapazität, die auch von unserem Berufsverband schon häufig zu Fachtagungen eingeladen wurde."

STELLUNG BEZIEHEN

6. *„Bei der letzten CI-Entwicklung hatten wir festgeschrieben, mehr Frauen in die Firma zu holen – gerade auch auf verantwortungsvolle Posten: Das ist die Chance, diesen Grundsatz zu realisieren."*

Rationale Begründungskategorien:
* *Tatsachen*
* *Expertenurteile*
* *Grundsätze (TEG)*

Die Beispiele 4. bis 6. zeigen Begründungen für die rationale Ansprache. Argumentiert wird mit überprüfbaren **Tatsachen** (Zahlen, Daten, Fakten), **Expertenurteilen** von anerkannten Kapazitäten und **Grundsätzen** (zum Beispiel im Grundgesetz oder in einer Betriebsverfassung festgeschriebene Werte).

Mit diesen insgesamt sechs Punkten, die mein Kollege Stefan Jehn und ich der besseren Merkbarkeit wegen mit **BEB/TEG** (gemäß der Anfangsbuchstaben der Kategorien) bezeichnen, haben Sie so etwas wie eine nie versiegende

Ob Sie eher emotionale oder eher rationale Gründe anführen, richtet sich nach Ihrem Gesprächspartner.

Im Zweifelsfall gehen Sie auf Nummer sicher und führen beide Kategorien an.

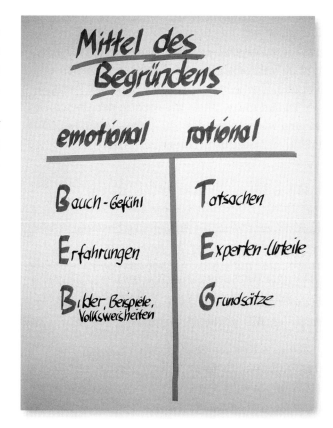

Ölquelle für immer wieder neue Gründe und Begründungen, die Menschen in Herz und Kopf überzeugen können – sowohl Emotionen erzeugen als auch dem Verstand plausibel erscheinen.

Und wenn Ihnen auf der einen Ebene kein guter Grund einfällt, dann bietet sich automatisch ein Grund auf einer anderen Ebene an.

STELLUNG BEZIEHEN

Probieren Sie **BEB/TEG** direkt aus. Denken Sie an einen privaten, besser aber an einen beruflichen Argumentationsanlass. Formulieren Sie die Behauptung, die Sie gerne durchsetzen möchten, und finden Sie dazu sechs Begründungen. Einen Aktions-Vordruck finden Sie auf nachfolgender Seite.

▶ **Begründungen widerlegen**

Natürlich ist mit Begründungen aus dem BEB/TEG-Modell die Argumentation noch nicht zwingend entschieden. Es eignet sich nicht nur für Pro-Gründe, sondern genauso gut für Contra-Gründe:

Jemand stellt sein schlechtes **Bauch**-Gefühl neben das gute Gefühl des Vorredners, führt eine schlechte **Erfahrung** an, wo der andere eine gute hatte, und kritisiert das **Bild** des Vorgängers (hier: Der Apfel fällt nicht weit vom Stamm).

Und wie beliebig **Tatsachen** interpretiert werden können, lässt sich nach jeder Landtags- und Bundestagswahl ganz vorzüglich beobachten: Ein und die gleiche Prozentzahl wird da schnell zum erdrutschartigen Verlust, zum größten Erfolg in der Parteiengeschichte und zum erfolgreichen Halten des Ergebnisses auf hohem Niveau. Dass **Expertenurteile** zuweilen austauschbar sind, ist spätesten in der Auseinandersetzung um die friedliche Nutzung der Kernenergie deutlich geworden: Da gibt es

_A_^{ktion}

BEB/TEG	
Behauptung	▶ ....
Begründung 1. **B**auchgefühl	▶ ....
2. Persönliche **E**rfahrungen	▶ ....
3. In einem **B**ild verdichtete Volksweisheit	▶ ....
4. **T**atsachen	▶ ....
5. **E**xpertenurteil	▶ ....
6. **G**rundsatz	▶ ....

immer neue Gutachten und Gegengutachten – und man fragt sich, wie eine Sache gleichzeitig weiß und schwarz sein kann. Und ein **Grundsatz** ist natürlich eine gute Sache – es fragt sich nur, wie weit er gültig ist.

STELLUNG BEZIEHEN

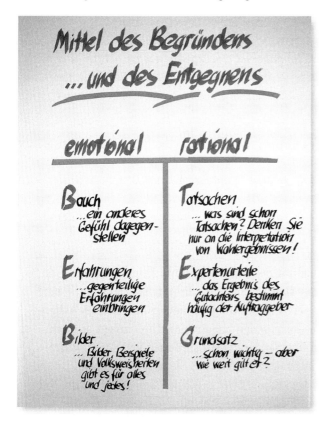

Das BEB/TEG-Modell eignet sich ebenso gut für Contra-Argumente.

Bezogen auf das obige Beispiel „Bewerbungsgespräch" könnten die Contra-Argumente so aussehen:

1. Bauch-Gefühl:
 „Ich hatte die ganze Zeit ein schlechtes Gefühl."

2. Persönliche Erfahrungen:
 „Meine Erfahrung ist: Läuft's im Bewerbungsgespräch gut, geht's in der Praxis daneben."

3. Bild/Volksweisheit:
 „Was – Sie vergleichen Menschen mit Obst!?"

STELLUNG BEZIEHEN

4. Tatsachen:
"Ja, das passt alles schon fast ein bisschen zu gut. Ich würde mir wünschen, dass ein Bewerber auch einige Erfahrungen jenseits des nackten Stellenprofils gemacht hat."

5. Experten:
"Hugendubel ist ein Experte, das ist richtig. Unumstritten ist er nicht. Ganz im Gegenteil. Der Langmaker hat ihn in der Talkshow letzte Woche regelrecht vorgeführt. Der hat überalterte Ansichten – und die wollen wir uns doch nicht ins Haus holen, oder?"

6. Grundsatz:
"Mehr Frauen in die Firma – das ist schon richtig. Doch lassen Sie uns das Geschlecht nicht wichtiger als die Qualifikation erachten – und da habe ich bei der Kandidatin meine Zweifel."

Gesprächsentscheidend sind die Qualität der Argumente, aber auch erkennbare Einstellungen, die Vertrauen schaffen.

Die Qualität der Argumente entscheidet sicher mit darüber, wer sich am Ende durchsetzt. Ebenso wichtig sind die inneren Einstellungen, die wir im ersten Teil dieses Buches besprochen haben: Menschen lassen sich von Ihnen überzeugen, wenn sie Ihnen vertrauen, wenn Sie hinter dem stehen, was Sie sagen und wenn Ihnen die nötige Kompetenz zugeschrieben wird. Verzichten können Sie auf diese Einstellungen nur, wenn Sie beispielsweise qua Amt verfügen können, was jetzt die herrschende Meinung ist – oder wenn Sie über das nötige Kleingeld als Motivationshilfe verfügen.

4. Optionen entwickeln

Alles schön und gut – doch was machen Sie, wenn Sie sich im Gespräch völlig festgefahren haben? Sie und Ihr Gegenüber argumentieren zwar ganz wunderbar, kommen sich dabei aber kein Stück näher?

Jetzt heißt es: kreativ bleiben und Verhandlungsgeschick entwickeln. Das bedeutet, Bewegung in festgefahrene Positionen zu bringen und Optionen zu entwickeln. Parken Sie zunächst den Entscheidungszwang und den weit verbreiteten und sicher gut gemeintem (Über-)Eifer, möglichst rasch Problemlösungen zu finden.

Schauen Sie stattdessen, welche Lösungen und Möglichkeiten überhaupt denkbar sind – ohne diese gleich zu bewerten. Bewerten und Entscheiden können Sie dann, wenn Ihnen keine weiteren Lösungen und Möglichkeiten mehr einfallen und wenn Sie Kriterien für die Bewertung bestimmt haben.

Verdeutlichen möchte ich dies am Beispiel eines Gehalts-Gesprächs. Ein mit noch wenig Berufserfahrung beschlagener Mitarbeiter geht zu seinem Vorgesetzten und sagt:

> „Guten Tag Herr Lampe, ich brauche eine Gehaltserhöhung von 500 Euro pro Monat."

Was sagt der Chef?

> „Guten Tag lieber Herr Birne, tut mir Leid, aber da fehlen uns zur Zeit die Ressourcen. In absehbarer Zeit wird das nichts."

Tja, Danke und Tschüss?

Abgesehen davon, dass der Chef eigentlich ein Interesse aufbringen sollte, was seinen Mitarbeiter zu dieser Aussage bewegte, hat der Mitarbeiter den Zielkorridor äußerst eng gesteckt: 500 Euro. Jeder Euro weniger bedeutet bereits einen Gesichtsverlust für den Mitarbeiter (von den Feilschern vielleicht einmal abgesehen, die sowieso nur die Hälfte des Geforderten wollen). Wie viel angenehmer wäre es da, wenn der Mitarbeiter seinem Chef sagen würde:

STELLUNG BEZIEHEN

Der Schlüssel zu guten Einigungen liegt im Offenlegen der Interessen und im gemeinsamen Entwickeln von Optionen.

Besser nicht von Anfang an den Zielkorridor zu eng stecken.

STELLUNG BEZIEHEN

„Guten Tag Herr Lampe, meine Aufgaben haben sich in den letzten Monaten stark verändert und ich möchte mit Ihnen darüber reden, wie sich dieses Mehr an Leistung auf die Gegenleistung der Firma auswirkt."

Die vielfältigen Möglichkeiten einer Lösung.

Wenn der Vorgesetzte hier prinzipiell zustimmt und sein Interesse offen legt, den Mitarbeiter zu halten, können die beiden sich jetzt die vielen Möglichkeiten einer Lösung erschließen. Denn alles ist noch offen:

▶ Eine monetäre Lösung finden und die Höhe aushandeln.

▶ Wenn es denn tatsächlich Geld sein muss, die Firma zur Zeit aber nicht liquide ist, kann man die Leistungssteigerung des Mitarbeiters festhalten und die Vergütung zu einem späteren Zeitpunkt auch rückwirkend angleichen.

▶ Knappes Gut vermehren: Ist die Firmenkasse leer, können die beiden überlegen, ob es bisher nicht angezapfte Quellen gibt, um das knappe Gut Geld zu vermehren (neue Aufträge, Einsparungen an anderer Stelle, Sponsoring, ...).

▶ Die Motive und Hintergründe benennen, die hinter der Forderung stehen. Und schauen, wie die befriedigt werden könnten:

– Ist es Status, so kann man an einen größeren Firmenwagen, an Incentives oder ein anderes Büro denken.

– Ist es der Wunsch nach neuen Aufgaben, kann der Verantwortungsbereich vergrößert werden, Mitarbeiter zugeordnet werden etc.

– Ist es Sicherheit, kann man über betriebliche Altersvorsorge, Direktversicherungen und Absicherung der Angehörigen nachdenken.

- Ist es der Wunsch, die Freizeit besser gestalten zu können, lohnt es vielleicht, nach Möglichkeiten hin zu mehr Urlaub Ausschau zu halten – oder auch Seminare zur Persönlichkeitsentwicklung über die Firma zu buchen.

Sie sehen, hier öffnet sich ein weites Feld. Und wenn von Seiten des Vorgesetzten gar keine Beweglichkeit signalisiert wird, ist das ja immerhin auch ein Zeichen ...

STELLUNG BEZIEHEN

Das hier beschriebene Vorgehen ist sicher der Königsweg im Umgang mit unterschiedlichen Interessen und Positionen. Losgelöst vom Beispiel des Gehaltsgesprächs klappt das in folgenden Schritten:

1. Beide Gesprächspartner benennen offen ihre Interessen.
2. Jede Seite versucht, die Argumente und Probleme der anderen Seite zu verstehen.
3. Ist eine prompte Lösung nicht möglich, verzichten beide Seiten auf eine schnelle Lösungsfindung.
4. Gemeinsam werden alternative Lösungen generiert – zum Beispiel per Brainstorm.
   (*Brainstorm* heißt wörtlich übersetzt *Gedankensturm* und bedeutet hier: möglichst viele Lösungsgedanken und -ideen sammeln, ohne sie zu bewerten, Verrücktheiten sind erwünscht).
5. Beide Seiten bewerten die Lösungsalternativen.
6. Beide Gesprächspartner wählen Lösungen aus und verabreden eine verbindliche Absprache.

Was Sie unternehmen können, wenn Ihr Gesprächspartner nicht so kooperativ ist, erfahren Sie im Kapitel FAQs.

Der Königsweg bei unterschiedlichen Positionen:

- Interessen offen benennen
- Die Argumente des anderen verstehen
- Im Zweifel Verzicht auf die schnelle Lösung
- Lösungsalternativen generieren
- Alternativen bewerten
- Lösung auswählen
- Verbindliche Absprachen treffen

**STELLUNG
BEZIEHEN**

5. Rollenspiel:
Stellung beziehen in der Praxis

(Die Beschreibung des Eingangsszenarios zu diesem Rollenspiel finden Sie auf Seite 14)

1. Beide Gesprächspartner benennen offen ihre Interessen

Zum Teil sind die Interessen schon in den Abschnitten Echtheit und Natürlichkeit, S. 35 ff. und Zielklarheit, S. 77 ff. deutlich geworden: Für Claus Controlé geht es als Führungskraft darum, die Kundenreklamationen auf Null zu fahren. Das ist wichtig für ihn, weil er ja letztlich für die Reklamationsquote geradesteht.

Ferner möchte er Siegfried Spieler wieder zu alter Klasse zurückfinden lassen. Er hat bis vor kurzem überdurchschnittlich gut gearbeitet und kann einen wichtigen Beitrag zum Gesamtergebnis des Teams beitragen.

Außerdem wirkt die Art und Weise, wie er mit einem Mitarbeiter umgeht, sehr stark in das Team zurück. Die Stimmung im Team zu verbessern, ist ein weiteres Interesse von ihm. Herrn Controlé kommt es nicht darauf an, Herrn Spieler zum Sündenbock zu stempeln – aber: mit Blick auf die Zukunft möchte er Störungen so weit es geht verhindern.

„Herr Spieler, ich denke es ist unser beider Ziel, die Reklamationsquote wieder auf Null zurückzufahren, richtig? Dann stehen wir gut in der Firma da und können auch selbstbewusster gegenüber den anderen auftreten. Im Moment ist es so, dass es bei Ihren Protokollen wiederholt zu Reklamationen gekommen ist. Lassen Sie uns jetzt bitte schauen, was wir tun können, um mit Blick auf die Zukunft diese Reklamationen so weit es geht zu verhindern. Dabei möchte ich Sie mit voller

Kraft unterstützen. Mir liegt viel an der Zusammenarbeit mit Ihnen und ich bitte Sie, ihr ganzes Know-how einzubringen."

STELLUNG BEZIEHEN

Herr Spieler hat folgende Interessen: a) Nichts zu unternehmen, was seinen Job gefährden könnte. Unsicherheit am Arbeitsplatz, das wäre in seiner aktuelle Situation zu viel Unruhe. b) Er möchte herauszufinden, inwieweit er Herrn Controlé vertrauen kann.

In einem ersten Schritt will er also Klarheit darüber erlangen, dass er die fehlerhaften Protokolle tatsächlich zu verantworten hat. Wenn ja, und wenn die Vertrauensbasis stimmt, will er Herrn Controlé reinen Wein einschenken und ihn so zu seinem Verbündeten machen.

„Herr Controlé, Sie sagen, dass es bei meinen Protokollen wiederholt zu Reklamationen gekommen ist. Prinzipiell ist das möglich. Und wenn es so ist, bin ich gerne bereit, auf eine umfassende Ursachensuche zu gehen. Auf der anderen Seite bin ich mir noch nicht 100%ig darüber im Klaren, ob tatsächlich ich die Fehler zu verantworten habe. Da möchte ich mit Ihnen gerne noch einmal auf das Briefing des Kunden schauen und auch noch einmal die Schnittstellen zu den Kollegen untersuchen. Mein Vorschlag: Ich checke das Briefing und die Schnittstellen – dann wissen wir mehr. Und unabhängig davon, wo der Fehler liegt, möchte natürlich auch ich, dass die Protokolle glatt durchlaufen und fehlerfrei sind."

2. Jede Seite versucht, die Argumente und Probleme der anderen Seite zu verstehen

Merkt Herr Spieler, dass Herr Controlé ihm und seiner bisherigen Arbeit mit Wertschätzung gegenübertritt sowie weiterhin an guter und dauerhafter Zusammenarbeit

Rollenspiel

STELLUNG BEZIEHEN

interessiert ist, wird er den Standpunkt Controlés und dessen Argumente und Probleme wahrscheinlich gut verstehen können.

Ebenso wird auch Controlé seinen Mitarbeiter Spieler verstehen, sofern dieser nicht mit einer „Ich habe noch nie Fehler gemacht, ich werde auch in Zukunft keine Fehler machen"-Haltung in das Gespräch hereinkommt. Und wer hat nicht schon mal Dissonanzen im privaten Bereich gehabt und kann nicht verstehen, dass einem das ganz schön zu schaffen machen kann?

Entscheidend wird dabei die konstruktive innere Haltung von Controlé sein. Baut er zu viel Stress und Druck auf, versucht er Herrn Spieler durch die Hintertür doch zum Sündenbock zu machen, wird's schwierig.

3. Ist eine prompte Lösung nicht möglich, verzichten beide Seiten auf eine schnelle Lösungsfindung

Um eine prompte Lösung kommen beide hier nicht drumherum. Die fehlerfreien Protokolle müssen sein.
Parallel dazu aber sollten die beiden, und besonders Herr Spieler, überlegen, wie sie neben einer Kurzfristlösung langfristig Oberwasser behalten. Inwiefern Herr Controlé hier einen Beitrag leisten kann, hängt wieder vom Vertrauen ab – und, im Zusammenhang damit, inwieweit Herr Spieler von seinen privaten Sorgen berichtet hat.

4. Gemeinsam werden alternative Lösungen generiert – zum Beispiel per Brainstorm

Alternative Lösungsansätze könnten sein:

1. Alles bleibt wie bisher.
2. Herr Spieler verspricht, dass alles besser wird.

3. Die Qualität der Kundenbriefings wird überprüft und ein neuer, Missverständnisse ausschließender Standart eingeführt.

4. Die Bearbeitungsstruktur der Protokolle wird so verändert, dass jedes Protokoll von einem Kollegen quergeprüft wird.

5. Herr Spieler reduziert seine Arbeitszeit für einen begrenzten Zeitraum auf 30 Stunden – oder arbeitet für einen begrenzten Zeitraum im Homeoffice, um seine Dissonanzen vor Ort besser ordnen zu können.

6. Herr Spieler nimmt einen Teil seines Jahresurlaubs – und geht seine prekäre monetäre Situation mit einem Schuldenberater an.

7. Herr Controlé überlegt, mit welchen Zusatzleistungen Herr Spieler sein Einkommen verbessern kann.

8. Herr Spieler verhandelt noch einmal mit den Banken und wuchert mit der Sicherheit seines Arbeitsplatzes.

„Lassen Sie uns einmal ganz nüchtern draufschauen, gibt es noch weitere Lösungsmöglichkeiten, an die wir bisher noch gar nicht gedacht haben?"

STELLUNG BEZIEHEN

5. Beide Seiten bewerten die Lösungen

Alternative Lösungsansätze in der Bewertung könnten wie folgt aussehen:

1. Das geht an der Zielstellung des Gesprächs vorbei.

2. Das Bemühen, das sich darin ausdrückt, ist im Grunde selbstverständlich.

3. Ein gute Idee. Dann haben die vermeintlichen Fehler Spielers dazu beigetragen, die Arbeitsqualität langfristig zu sichern.

STELLUNG BEZIEHEN

4. Dieser Vorschlag wird im Team wahrscheinlich auf Resonanz stoßen, wenn das Problem nicht nur bei Herrn Spieler, sondern eben auch bei anderen Kollegen auftaucht.

5. Das ist nicht ganz unproblematisch. Herr Spieler braucht mehr Geld, das ist schlecht mit weniger Arbeit zu erreichen. Möglich wäre diese Lösung, wenn Herr Spieler die Zeit nutzen will, um Überzeugungsarbeit bei anderen Finanzquellen leisten zu können, wie zum Beispiel: die Verwandtschaft um Hilfe bitten.

6. Eine hilfreiche Idee, wenn der Schuldenberater gut ist.

7. Ein pragmatischer Ansatz, der wirkt, wenn Herr Spieler eine Langfriststrategie entwickelt hat.

8. Das könnte die Vorstufe zur vorherigen Lösung sein.

6. Beide Gesprächspartner wählen Lösungen aus und verabreden eine verbindliche Absprache

Controlé und Spieler einigen sich auf die Lösungen sechs, sieben und drei und verabreden sich zu einem Termin in 10 Tagen, um sich über die Fortschritte auszutauschen.

6. FAQs zu Stellung beziehen

(siehe auch: FAQs in den Abschnitten Partnerschaftliche Einstellung, S. 66 sowie Störungen klären, S. 239)

STELLUNG BEZIEHEN

Was mache ich, wenn mich mein Gegenüber persönlich angreift?

▶ Lassen Sie Ihren Gesprächspartner wissen, dass er gerade zu weit geht:
„Entschuldigung, das wird mir jetzt zu persönlich. Ich schlage vor, dass wir zum Thema zurückkehren."

▶ Versuchen Sie, die Gründe herauszufinden:
„Hört sich so an, als hätte ich Ihnen irgendwann auf den Schlips getreten – ich bin mir dessen nicht bewusst. Bitte sagen Sie mir, worin Ihr Ärger begründet liegt."

Oder:
„Was müssen wir besprechen, bevor wir wieder zum Thema zurückkehren können?"

Was tun, wenn mein Gegenüber seine Macht ausspielt?

▶ Auch hier kann die direkte Ansprache entwaffnend wirken:
„Ich weiß, dass Sie letztlich am längeren Hebel sitzen – und möchte gerne eine Einigung auf sachlicher Grundlage treffen. Einverstanden?"

Oder:
„Ich möchte Sie auf einige Probleme hinweisen, die entstehen, wenn ich Ihrem Gedankengang folge."

▶ Schauen Sie sich dringend nach einer Alternative um, die Ihnen die Wahlmöglichkeit verschafft, ob Sie das Macht-Spiel mitspielen – oder nicht.

STELLUNG BEZIEHEN

Mein Gegenüber setzt mich massiv unter Druck: „Entweder wir machen es so, wie ich es will – oder Sie können gehen."

▶ Häufig ist dieses ultimative Auftreten ein Test. Lassen Sie es doch einmal drauf ankommen und bewegen Sie sich in Richtung Tür.

▶ Erkundigen Sie sich nach den Gründen für das ultimative Auftreten:
„Ich bin überrascht über Ihre Kompromisslosigkeit und habe die Gründe dafür auch noch nicht verstanden."

▶ Spiegeln Sie das Verhalten Ihres Gegenübers:
„Sie wollen sich gar nicht mit mir austauschen – Sie wollen einfach nur, dass ich Ihre Meinung übernehme?"

Oder:
„Ich bin bekannt dafür, das ich niemals auf Druck reagiere."

Mein Gegenüber ist ein Choleriker – völlig unvermittelt schreit er mich an.

▶ Reagieren Sie nonverbal und kratzen Sie sich am Ohr.

▶ Stellen Sie sich der Situation:
„Sorry, aber in dieser Form kann ich mich nicht auf die Inhalte konzentrieren – und so möchte ich auch nicht mit Ihnen reden."

Oder:
„Ich mache Ihnen einen Vorschlag: Sie sagen mir, was Sie so auf die Palme bringt – und dann reden wir noch mal in aller Ruhe über das Thema."

(Weitere Möglichkeiten finden Sie auch bei: Mein Gegenüber greift mich persönlich an)

Mein Gegenüber gibt mir zu verstehen, dass er zu mir, meinen Ideen oder Dienstleistungen eine für ihn günstigere Alternative in petto hat.

▶ Bedanken Sie sich für die Offenheit.

▶ Erfragen Sie Informationen über Ihren Konkurrenten – und vergleichen Sie sein Angebot penibel mit Ihrem; es lassen sich immer Vorteile herausarbeiten.

▶ Zeigen Sie Verhandlungsbereitschaft. Dabei sind Sie gut beraten, wenn Sie vorher für sich einen Abbruchspunkt definieren. Der Abbruchspunkt ist Ihre persönliche Schmerzgrenze an Zugeständnissen: materiell, ideel und generell.

▶ Schauen Sie sich Ihrerseits nach einer Alternative zu dem Angebot Ihres Gesprächspartners um. Dadurch werden Sie innerlich freier und in der konkreten Situation stärker.

STELLUNG BEZIEHEN

Mein Gegenüber nimmt meine Argumente überhaupt nicht auf – und wiederholt gebetsmühlenartig die seinigen.

▶ Machen Sie erneut Ihre Position deutlich oder stellen Sie klar, eine Erklärung zu dem Verhalten zu erwarten:
„Ich habe Ihre Argumente jetzt gehört und möchte Sie bitten, auch auf die meinigen einzugehen."

Oder:
„Was stört Sie an meinen Argumenten so, dass Sie nicht darauf eingehen?"

Oder:
„Bitte erklären Sie mir, aus welchen Gründen Sie meinen Argumenten kein Gehör schenken."

STELLUNG BEZIEHEN

Oder:
„Sehen Sie: Ein Gespräch, das sich nur um Ihre Argumente dreht, ist in meinen Augen kein wirkliches Gespräch – und deswegen ist für mich nicht besonders attraktiv, an dieser Stelle weiterzureden."

Ich habe Zweifel an den Angaben (Daten, Fakten) meines Gegenübers.

▶ Überprüfen Sie die Angaben immer: unabhängig vom Vertrauen, von Zuständigkeiten etc., zum Beispiel so:
„Ich möchte mich noch einmal in aller Ruhe mit den Daten und Fakten auseinandersetzen."

Oder:
„Wir haben deswegen eine so gute Beziehung, weil wir immer geschaut haben, das Ihre Daten mit unseren übereinstimmen."

Die Umgebung des Gesprächs ist für mich ungünstig (zu heiß, zu laut etc.).

▶ Sprechen Sie auch dies an und suchen Sie Alternativen, z.B.:
„Wo können wir ungestörter und in produktiverer Atmosphäre weiterreden?"

Das Gespräch oder die Argumentation sind völlig festgefahren. Was kann ich dann tun – und wie könnte ich dies von vornherein verhindern?

▶ Festgefahrene Situationen entstehen meistens, wenn beide Gesprächspartner sich auf ihre Positionen versteifen. Versuchen Sie, die hinter den Positionen stehenden Interessen offenzulegen. (siehe Abschnitt: Richtiges Zuhören, S. 121 ff. und Fragen stellen, S.

143 ff.). Unter Umständen stellen Sie fest, dass Ihre Interessen so weit auseinanderliegen, dass es wirklich keine Schnittmengen gibt – oder aber: Sie können vor dem Hintergrund des besseren Verständnisses noch einmal neue Optionen entwickeln.

▶ Gehen Sie auf die Suche nach objektiven Kriterien. Zum Beispiel können das in familiären Erbauseinandersetzungen Gutachten sein. Ziehen Sie Gesetzestexte hinzu und reden Sie auf dieser sachlichen Grundlage weiter. Es geht darum, faire Kriterien zu finden, anstatt die Emotionen hochkochen zu lassen.

▶ Schalten Sie jemand Drittes ein, einen unparteiischen Kollegen, vielleicht sogar einen Mediator – eine Art Schlichter – der unbefangen von außen auf die Situation schauen kann.

STELLUNG BEZIEHEN

7. Checkliste

▶ Aus welchem Anlass findet das Gespräch statt?

....

....

▶ Hat Ihr Gesprächspartner bereits eine Position bezogen?

❏ ja   ❏ nein

▶ Wenn ja: Welche Interessen stehen dahinter?

....

....

▶ Welche Sach- und Gefühlsargumente könnte Ihr Gesprächspartner haben?

....

....

▶ Welchen Bewegungs- und Verhandlungsspielraum hat Ihr Gesprächspartner?

....

....

▶ Welche Positionen beziehen Sie und welche Interessen verfolgen Sie damit?

....

....

Checkliste

▶ Welches sind gemeinsame und unterschiedliche/widersprüchliche Interessen?

....

....

▶ Wie begründen Sie Ihre Positionen und Interessen – emotional und rational (BEB/TEG)?

....

....

▶ Welche Sach- und Gefühlsargumente stellen Sie denen Ihres Gesprächspartners gegenüber?

....

....

▶ Welche ausdrucksstarken Bilder eignen sich für Ihre Argumentation am besten?

....

....

▶ Welche Argumentationsmuster haben die größte Überzeugungskraft für Sie?

....

....

STELLUNG BEZIEHEN

8. Das Wichtigste in Kürze

▶ Mit einer klaren Stellungnahme positionieren Sie sich als einschätzbarer und kompetenter Gesprächspartner.

▶ Passen Ihre Meinungen und Stellungnahmen in das Weltbild Ihres Gegenübers, können Sie mit Begründungen sparsam umgehen – zu leicht zetteln Sie ansonsten Diskussionen über schlechte Begründungen an.

▶ Die Qualität Ihrer Begründung steigt mit der Wichtigkeit des Themas.

▶ Mit den drei Begründungs-Kategorien für die emotionale Ansprache: **Bauch**-Gefühl, persönliche **Erfahrungen**, **Bild**; und den drei Begründungs-Kategorien für die rationale Ansprache: **Tatsache**, **Expertenurteil** und **Grundsatz** kennen Sie eine nie versiegende Quelle, um Ihre Behauptungen fundiert begründen zu können: **BEB/TEG**.

▶ Ob Sie eher emotionale oder eher rationale Gründe anführen, richtet sich nach Ihren Gesprächspartnern. Im Zweifelsfall gehen Sie auf Nummer sicher und führen beide Kategorien an.

▶ Mit der richtigen Verknüpfung verschiedener Aussagen potenzieren Sie die Wirksamkeit Ihrer Argumentation. Bewährt haben sich vor allem folgende Muster:

– Wenn-Dann oder Problem-Lösung

– Problem-Ursache-Lösung

– Ziel-Istzustand-Weg zum Ziel

– Viererkette

– Einerseits-Andererseits

▶ Nutzen Sie die Kraft der Vision (J. F. Kennedys Traum von der bemannten Raumfahrt) und ersparen Sie sich damit viel kleinschrittige Argumentationsarbeit.

▶ Nehmen Sie die Stellungnahmen und Meinungen Ihres Gegenübers wertschätzend auf („Einerseits-Andererseits"-Schema). Das ist die Basis für eine gute Einigung.

▶ Der Schlüssel zu guten Einigungen liegt im Offenlegen der Interessen und im gemeinsamen Entwickeln von vielen Optionen.

STELLUNG BEZIEHEN

STELLUNG
BEZIEHEN

9. Trainings-Tipps zu Stellung beziehen

▶ Die Geschichte mit dem Fotokopierer (Begründen, S. 171) ist sicher ein guter Aufhänger, um in das Thema einzuleiten.

▶ Stellen Sie die Chancen und Risiken von Behauptungen und Begründungen vor.

▶ Anhand von aktuell zu diskutierenden Fragen in Ihrer Firma oder zu mitgebrachten Themen üben Sie die „Wenn-Dann"-Verknüpfung, das „Problem-Ursache-Lösungs"-Schema sowie das „Ziel-Istzustand-Weg zum Ziel"-Muster.
(Dauer bis dahin: ca. 30 Min.)

▶ Die „Viererkette" und das „Einerseits-Andererseits"-Modell trainieren Sie am besten an ausgesuchten Thesen. Schlagen Sie einfach die Zeitung auf und bitten Sie Ihre Teilnehmer zu aktuellen Themen Stellung zu beziehen – mithilfe der Argumentationsmodelle. Bitten Sie in einem zweiten Schritt die Teilnehmer Thesen zu formulieren, die ihrer eigenen Überzeugung entsprechen. Schnell wird deutlich, wie die Überzeugungskraft zunimmt – wenn man hinter dem steht, was man sagt. Der Erfolgsfaktor „Echtheit" ist unmittelbar erlebbar.
(Dauer: ca. 30 Min.)

▶ Leiten Sie jetzt über zum „BEB/TEG"-Modell. Lassen Sie Dreierteams jeweils eine These finden, die sie dann sechsfach mit dem „BEB/TEG"-Modell begründen.
(Dauer: 20 Min.)

▶ Gute Festigungsübungen sind Pro-Contra-Diskusionen, die amerikanische Debatte (hier entscheidet ein „Richter", ob die Pro- oder die Contra-Gruppe ge-

winnt) oder auch Argumentationsübungen, wie sie in Assesment-Centern benutzt werden.
Zum Beispiel: *„Welches ist der beste Standort, um Haushaltsgeräte herzustellen: Tschechien, Taiwan, Wales oder Finnland?"*
(Dauer: ca. 30 Min.)

▶ Instruieren Sie in den Rollenspielen zwei Beobachter, sich speziell mit dem Argumentationsverhalten zu beschäftigen – und geben Sie den „Spielern" ein persönliches Feedback. Hinweise zur Einleitung und Durchführung von Rollenspielen, inkl. Kernfragen zur Reflexion finden Sie in der Einleitung auf Seite 15 ff.
(Dauer Rollenspiel: ca. 10 Min., Reflexion: ca. 40 Min.)

STELLUNG BEZIEHEN

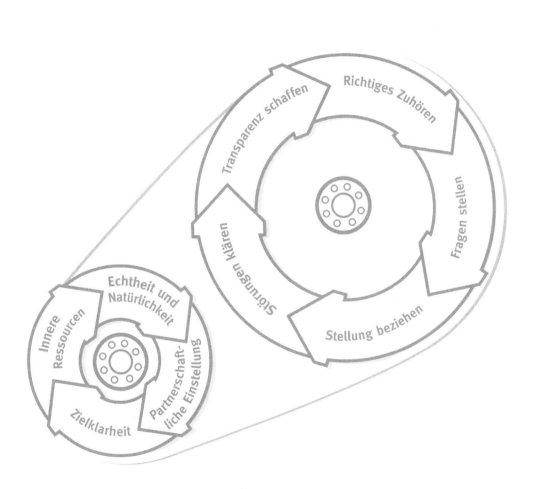

4. Störungen klären:
Know-how gegen das Grummeln im Magen

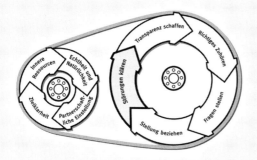

*„Der Ton macht die Musik." Oder:
„Krisen meistert man am besten,
indem man ihnen zuvorkommt."*

Alte Volksweisheiten

Darum geht's:

Sie werden ständig unterbrochen, Sie fühlen sich auf den Schlips getreten, Sie werden unter der Gürtellinie angegriffen, Sie werden arrogant behandelt oder jemand setzt Sie auf einen Thron, den Sie gar nicht besteigen wollen. Sie reden auf Grund unterschiedlicher Definitionen völlig aneinander vorbei, haben bestimmte Sachverhalte ganz anders als Ihr Gesprächspartner aufgefasst. Ihr Gesprächspartner gibt Ihnen Ratschläge, die Sie gar nicht hören wollen, oder führt etwas ganz anderes im Schilde. Sie sind im Kopf mit privaten Angelegenheiten beschäftigt und es fällt Ihnen schwer, sich auf das aktuelle Gespräch zu konzentrieren ... all das sind Störungen. Schauen wir uns an, wie Sie konstruktiv damit umgehen können.

Das ist Ihr Nutzen:

▶ Sie profilieren sich als Gesprächspartner, der sich nicht scheut, zur richtigen Zeit ein offenes Wort zu reden.

▶ Sie selbst fühlen sich besser, weil Sie Störungen bereinigen, anstatt das Grummeln im Magen zu pflegen.

▶ Störungen und Missverständnisse klären Sie auf eine wertschätzende und beziehungsstärkende Art.

▶ Sie müssen Störungen nicht unbedingt ansprechen – aber wenn Sie sich dafür entscheiden, wissen Sie, wie Sie es ohne Gesichtsverlust tun können.

▶ Störungen sind nicht länger peinlich oder unnormal – Sie betrachten Störungen als einen Korrekturprozess.

▶ Wenn es Zoff gibt, zerschlagen Sie weniger Porzellan – falls überhaupt.

Aufbau des Kapitels:

1. Störungen klären und Konflikte ansprechen –
   Risiko und Chance in einem 212
2. Stufen der konstruktiven Störungsklärung 214
3. Fünf Störungsebenen und Klärungsbeispiele 215
   I: Individuelle Störungen 215
   II: Störungen auf der Beziehungsebene – keine partner-
        schaftliche Einstellung 223
   III: Unterschiedliche Ziele und Absichten 232
   IV: Gleiches sagen – Unterschiedliches meinen: Begriffe
        und Bedeutungsgehalte 233
   V: Unklare (Führungs-)Struktur der Organisation 234
4. Störungen verringern – geklärt kommunizieren 235
5. Rollenspiel: Störungen klären in der Praxis 237
6. FAQs zu Störungen klären 239
7. Checkliste 243
8. Das Wichtigste in Kürze 245
9. Trainings-Tipps zu Störungen klären 248

1. Störungen klären und Konflikte ansprechen – Risiko und Chance in einem

Grundhaltung:
Ich bin okay – Du bis okay.

Störungen akzeptieren und anzusprechen – das kostet fast immer ein Stück Überwindung. Ganz besonders wenn es um Störungen auf der Beziehungsebene geht. Das sind die Störungen, in denen ein oder beide Gesprächspartner die innere Haltung von *„Ich bin okay – Du bist okay"* aufgeben und ihr Gegenüber nicht mehr wertschätzend behandeln. Arroganz ist hierfür ein typisches Beispiel.

Störungen zu thematisieren – das ist für viele Menschen regelrecht eine Horror-Vorstellung. Da ist die Ungewissheit, wie der andere reagieren wird, die Sorge, das Gesicht zu verlieren und als Mimose dazustehen. Da ist die Angst vor Konsequenzen und die fehlende Bereitschaft, diese auch zu tragen. Und da ist die Sichtweise, dass Konflikte etwas Schlechtes, Peinliches und Unnormales sind – auf jeden Fall etwas, das es zu vermeiden gilt. Dieses „Programm" im Kopf ist eine große Barriere, wenn es darum geht, Störungen konstruktiv und offen zu klären. Da hilft es, sich einmal mit einer ganz anderen Sichtweise von Konflikten auseinander zu setzen. Zum Beispiel diese:

STÖRUNGEN KLÄREN

Störungen und Konflikte gehören zum Leben – wie der Regen zum Wetter. Sie sind ein zur Realität gehörender Korrekturprozess und bieten Ihnen die Chance, ein Ungleichgewicht wieder auszugleichen. Konflikte geben Ihnen und Ihrem Gesprächspartner die Möglichkeit, sich besser kennenzulernen, denn: Die Erfahrung, einen Konflikt gemeinsam gemeistert zu haben, kann eine Arbeitsbeziehung enorm stärken und der Beginn einer qualitativ hochwertigen Zusammenarbeit sein. Wenn ich einmal zurückschaue, dann habe ich die besten Arbeitsergebnisse mit den Menschen erzielt, mit denen ich mich auch gut streiten konnte, keiner ein offenes Wort gescheut hat und Konflikte direkt und konstruktiv in einer guten Art und Weise ausgetragen wurden.

Störungen und Konflikte sind natürlich. Sie sind ein Korrekturprozess.

Einen Konflikt zu beseitigen ist eine hochmotivierende Erfahrung.

Dennoch: So leicht, wie ich das hier schreibe, ist es im Alltag meistens nicht. Denn Konflikte sind bei den meisten Menschen mit Ängsten besetzt – und die sollten auch beachtet werden. Gleichzeitig können Sie sich fragen, ob Sie sich von den Ängsten leiten lassen wollen. Denn wo die Angst ist, ist häufig auch die Chance sich weiter zu entwickeln und sowohl Ihre Persönlichkeit als auch Ihre kommunikative Kompetenz zu erhöhen.

Eine Chance, die eigene Persönlichkeit und die kommunikative Kompetenz weiterzuentwickeln.

STÖRUNGEN KLÄREN

2. Stufen einer konstruktiven Störungsklärung

1. Wahrnehmen und Akzeptieren: Da ist etwas nicht in Ordnung

2. Innehalten und Bewusstmachen:
   - was genau passiert da gerade
   - wenn möglich: **Störungsebene identifizieren**

3. Entscheiden: Störung jetzt ansprechen/später ansprechen/gar nicht ansprechen

4. **Störungsklärung im Dialog:**
   - Ich-Botschaft
   - WiSaGeWu-Methode
   - Metakommunikation
   - Begriffe und Bedeutungsgehalte definieren
   - Ziele und Absichten transparent machen
   - Organisationale Störungen erkennen und benennen

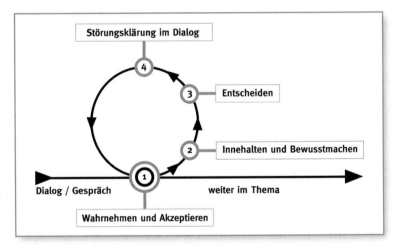

Stufen einer konstruktiven Störungsklärung

Wahrnehmen und Akzeptieren, Innehalten und Entscheiden, eine Störung jetzt oder später anzusprechen – mit diesen Punkten haben wir uns bereits im Abschnitt Echtheit, S. 35 ff. beschäftigt. Jetzt legen wir den Fokus auf die Punkte 2 (Störungsebenen identifizieren) und 4 (Störungsklärung im Dialog).

3. Fünf Störungsebenen und Klärungsbeispiele

Störungen treten da auf, wo einzelne oder mehrere der Erfolgsfaktoren vernachlässigt, außer Acht gelassen werden oder sehr unterschiedlich sind. Der Maßstab und die Orientierung sind für mich bei diesem Thema zum einen die Kommunikations-Psychologie Friedemann Schulz von Thuns und seines Arbeitskreises Kommunikation und Klärungshilfe sowie die Arbeit der Freiburger Psychologen Elisa und Eckart Ruschmann.

STÖRUNGEN KLÄREN

Störungsebene I: Individuelle Störungen

▶ **Zu wenig innere Ressourcen oder mangelnde Echtheit**

Auf dieser Ebene treten Störungen zu Tage, die zunächst einmal nichts mit dem Gesprächspartner oder der Beziehung der beiden Gesprächspartner zueinander zu tun haben. Gemeint sind potenziell ungünstige Ausgangslagen bei einem oder bei beiden Gesprächspartnern: Mangelnde innere Ressourcen, ein Gefühle-Konto im Soll-Stand und ein nicht-authentischer Umgang damit. Potenziell, weil es nicht zwangsläufig zu Problemen kommen muss. Aber: Sind Sie oder Ihr Gesprächspartner nicht im grünen Bereich, ist die Stresstoleranz geringer und die Gefahr, dass Gespräche schwierig werden, größer. Wie es dazu kommen kann, haben wir in den Abschnitten Innere Ressourcen, S. 19 ff. und Echtheit, S. 35 ff. ausführlich erarbeitet. Ferner finden Sie dort Anregungen zum Aufbau von mehr Ressourcen und mehr Echtheit. Beantworten Sie sich besonders die Fragen unter der Überschrift Wie viel Echtheit wollen Sie zulassen?, S. 40.

Hier muss es nicht zwangsläufig zu Problemen kommen.

Nehmen wir einmal an, Sie hatten am Morgen einen schwierigen Zahnarzttermin. Die Erinnerung an überstandene Qualen liegt Ihnen noch auf dem Magen und spiegelt sich auch in Ihrem Gesichtsausdruck. Weiß Ihr

Konfliktvorsorge: Problem ansprechen.

STÖRUNGEN KLÄREN

Gesprächspartner nichts davon, bezieht er Ihren Gesichtsausdruck möglicherweise auf sich und wird dann seinerseits miesepetrig. Besser ist: Sie sagen was los ist – und betreiben damit Konflikt-Vorsorge.

„Sorry, aber wenn ich ein wenig gereizt wirke, liegt das an einem Zahnarzttermin, den ich heute schon überstanden habe. Bitte beziehen Sie meine Stimmung nicht auf uns oder auf unser Thema ..."

Wichtig:
Die Wertschätzung
der eigenen Person.

Sei es die Gesundheit, privater Ärger oder andere Auseinandersetzungen – bei Störungen dieser Art sind Sie besonders in Ihrer Selbstverantwortung gefordert: Gehen Sie gut mit sich um und achten Sie darauf, wieder zu Kräften und Ressourcen zu kommen. Zur Wertschätzung der eigenen Person und der eigenen Leistungen kann es helfen, sich eine halbe Stunde zurückzuziehen und die Fragen der Checkliste auf S. 243 zu beantworten. Und bitte: Machen Sie nicht Ihren Gesprächspartner für Zustände und Befindlichkeiten verantwortlich, mit denen er nichts zu tun hat.

Was tun, wenn der andere
keine inneren Ressourcen
mehr hat?

Wenn Sie das Gefühl haben, dass Ihr Gesprächspartner zur Zeit keine Ressourcen hat, überprüfen Sie zunächst Ihre Wahrnehmung – etwa mit folgenden Formulierungen:

„Ich habe den Eindruck, Sie haben ganz schön viel um die Ohren!?"

„Ganz schön was los heute bei Ihnen – oder?"

„Ich möchte Ihnen nicht zu nahe treten, aber kann es sein, dass Sie heute mächtig unter Druck stehen?"

„Kann es sein, dass Sie Ihr Licht heute ein wenig unter den Scheffel stellen?"

„Gibt es etwas, das wir bereden sollten, bevor wir weiter über die Sache reden?"

Schauen Sie dann, wie Sie Ihren Gesprächspartner unterstützen können, Ressourcen aufzubauen. Zum Beispiel, indem Sie ihn an zurückliegende Erfolge erinnern:

„Ich erinnere mich an unser letztes Projekt. Da haben Sie ein schwieriges Problem sehr effizient und kreativ gelöst. Wie sind Sie damals genau vorgegangen?"

Wenn es echt ist, drücken Sie ihm gegenüber Ihr Verständnis, Ihre Wertschätzung und Akzeptanz aus:

„Ich kenne Sie als engagierten und konstruktiven Mitarbeiter. Und es ist okay für mich, wenn Sie mal nicht 100-prozentig fit sind. Was kann ich tun, um Sie zu unterstützen?"

„Was sollten wir Ihrer Meinung nach in diesem Fall unternehmen?"

Und wenn es die Situation erlaubt, können Sie von Ihrer Seite aus auch einen anderen Termin vorschlagen.

Mangelnde Echtheit und fehlende Ressourcen sind Störungen, die zunächst einmal nichts mit Ihrem Gesprächspartner zu tun haben. In diesem Zusammenhang möchten wir Sie auf zwei weitere Störungsquellen hinweisen und Wege vorstellen, die Störungen zu klären.

STÖRUNGEN KLÄREN

Ebenso wichtig: Wertschätzung und Akzeptanz ausdrücken.

Mangelnde Echtheit und fehlende Ressourcen sind Störungen, die zunächst nichts mit Ihrem Gesprächspartner zu tun haben.

▶ **Ungeprüfte Annahmen und Hypothesen**

Paul Watzlawik hat zu ungeprüften Annahmen eine bitterbös-amüsante Nachbarschaftsgeschichte geschrieben. Die gleichen Prinzipien habe ich – wenn auch leicht dramatisiert – auf eine hoffentlich nicht alltägliche Bürogeschichte übertragen:

STÖRUNGEN KLÄREN

Herr Rosen sitzt in seinem Büro, schaut in seinen Terminkalender und stellt fest, dass sich ein Kundentermin, den er morgen um 10:00 Uhr hat, mit dem Zahnarzttermin überschneidet, auf den er drei Monate lang gewartet hat. Spontan kommt ihm die Idee, seinen Kollegen Herrn Wendel zu bitten, den Kundentermin für ihn zu übernehmen. Er steht auf, um direkt in Wendels Büro zu gehen – da fällt ihm ein, „Hat er mich nicht gestern am Spätnachmittag so komisch aus den Augenwinkeln angesehen? Fast so, als hätte er etwas vor mir zu verbergen?"

Rosen hält inne und setzt sich wieder an seinen Schreibtisch, „Dafür, dass er etwas zu verbergen hat, spricht auch, dass er neulich den Kopf abgewendet hat, als er ein ‚Zwischen-Tür-und-Angel-Gespräch' mit dem Gesellschafter führte."

Ein plakatives Beispiel für ungeprüfte Annahmen.

Mittlerweile ist Rosen wieder aufgestanden und läuft wie ein Tiger von einer Ecke seines Büros in die andere: „Bestimmt will er meine Position im Unternehmen untergraben und nutzt jede Gelegenheit, mich in ein schlechtes Licht zu stellen." Rosens Blutdruck ist mittlerweile auf 180. Ihm fällt ein, dass Wendel ihm beim letzten Montagsmeeting zweimal ins Wort gefallen ist – und hat einen weiteren „Beweis" für seine persönliche Verschwörungstheorie gefunden. Jetzt erwacht sein Kämpferherz.

Mit stolz geschwellter Brust verlässt Rosen sein Büro, ohne anzuklopfen tritt er bei seinem Kollegen Wendel ein, baut sich vor ihm auf und verkündet:

> *„Eins sage ich Ihnen, es wird Ihnen nicht gelingen, mich hier heraus zu ekeln – und in Zukunft werden Sie mich von einer ganz anderen Seite kennenlernen!"*

Und Herr Wendel? Hat das Kinn heruntergeklappt, schaut Rosen mit großen Augen an – und will gerade etwas sagen – da macht dieser schon wieder kehrt und knallt die Tür von außen zu.

Zugegebenermaßen ist diese Geschichte arg überzogen. Doch drückt sie ein zentrales Problem der betrieblichen, aber auch der privaten Kommunikation aus. Viele Menschen haben bestimmte Annahmen und Hypothesen von einem anderen Menschen – oder auch von sich selbst –, die nur bedingt etwas mit der Realität zu tun haben, führen diese aber in Gedanken immer weiter, bis sie ihnen so vorkommen, als seien sie tatsächlich passiert. Damit packen sie den anderen in eine Schublade, aus der er nur schwer wieder herauskommt – und in der obigen Geschichte hat der andere nicht einmal die Chance, seinen „Gesprächspartner" auf die Schublade hinzuweisen.

Kennen Sie ähnliche Geschichten in vielleicht abgemilderter Form aus Ihrer eigenen Erfahrung? Glauben Sie vielleicht als Vorgesetzter, dass Ihre Mitarbeiter wichtige Informationen zurückhalten, weil Sie neulich bemerkt haben, dass ein Telefonat so komisch beendet wurde? Gehen sie Ihnen deswegen so weit es geht aus dem Weg und beschränken ihre Kommunikation mit Ihnen auf das Nötigste? Oder glauben Sie als Mitarbeiter, dass Ihr Chef Sie nicht leiden kann – weil er Sie letzten Mittwoch morgen nicht gegrüßt hat – und unterhalten seitdem eine extrem sachliche Kommunikation mit ihm?

Laufen Filme dieser Art in den Köpfen der Gesprächspartner, wird der Dialog sehr indirekt. Ein Ziel in der professionellen Kommunikation ist es, solche Annahmen und Konzepte zu überprüfen und zu klären. Die Klärungsprinzipien sind wieder:

▶ Sind Sie dabei, bestimmte Annahmen über Ihren Gesprächspartner zu entwickeln, die jedoch reine Interpretation sind und nichts mit seinen Absichten zu tun haben müssen? – Halten Sie inne und machen Sie es sich bewusst.

▶ Wollen Sie es dabei belassen – oder den Dialog mit dem entsprechenden Menschen suchen? In einem ent-

STÖRUNGEN KLÄREN

Ungeprüfte Annahmen: Denken in Schubladen.

STÖRUNGEN KLÄREN

spannten Rahmen wäre dann im obigen Vertretungsbeispiel etwa folgende Eröffnung möglich:

„Ich möchte einmal einen persönlichen Eindruck mit Ihnen bereden, Herr Wendel. In unserem letzten Meeting ist mir aufgefallen, dass Sie meine Ausführungen zweimal ergänzt haben – ohne dass ich vorher ausreden konnte. In der Situation selbst habe ich dem keine Bedeutung geschenkt, später aber hat es mich ein wenig irritiert. Wie haben Sie das denn erlebt auf dem letzten Meeting?"

▶ Innere Uneingkeit und Rollenkonflikte

Rollenkonflikte: Der Vorgesetzte ist gleichzeitig Teammitglied, Freund oder Freizeitkollege.

So manche Störung in der Kommunikation rührt daher, dass die einzelnen Gesprächspartner in der Beziehung zueinander nicht nur eine „Rolle" haben, zum Beispiel die des Vorgesetzten, sondern eine ganze Reihe von Rollen, wie z.B. Vorgesetzter, Teammitglied, Sportskollege, Freund etc. Schnell sprechen da mehrere Seelen in einer Brust und man ist mit sich selbst nicht im Reinen.

Besonders häufig bei Kritikgesprächen zu beobachten.

Das ist zum Beispiel in Kritikgesprächen immer wieder zu beobachten. Da gibt es Vorgesetzte, die dringend nötige Kritikgespräche mit neuen Mitarbeitern immer wieder verschieben, weil sie nicht wissen, wie sie es ansprechen sollen. So kann es sein, dass sie einen Mitarbeiter rein menschlich gesehen sehr sympathisch finden, wenn sie aber sehen, wie unprofessionell derselbe Mitarbeiter bestimmte Kundenanfragen bearbeitet, sind sie entsetzt oder zornig. Gleichzeitig ahnen sie unter Umständen, dass sie selbst einen Teil der Verantwortung tragen, da sie sich nicht hinreichend um die Einarbeitung des Neuen gekümmert haben. Und möglicherweise kommt als vierter Punkt noch hinzu, dass sie es toll finden, wie schnell sich der gleiche Mitarbeiter im Team zurecht gefunden hat. Kurz und gut: Da gibt es ein ganzes Konglomerat von Rollen und inneren Stimmen, die sich partout nicht unter einem Hut zusammenfinden wollen.

Ergebnis: Die Führungskraft konzentriert sich im lange aufgeschobenen Gespräch auf den Kritikpunkt, blendet die positiven Seiten aus – und der Mitarbeiter ist demotiviert, weil er die positiven Aspekte seiner Arbeit nicht gewürdigt sieht.

Oder: Die Führungskraft macht im Gespräch erst einmal gutes Wetter und lobt den Mitarbeiter für seine schnelle Integration im Team – und das konstruktive Besprechen der desaströsen Anfragenbearbeitung kommt viel zu kurz.

Das Konzept des Inneren Teams von Schulz von Thun bietet einen wertvollen Ausweg aus diesem Dilemma: Die verschiedenen Rollen und inneren Stimmen werden als Mitglieder eines „Inneren Teams" des jeweiligen Menschen aufgefasst. Alle Teammitglieder haben per se eine Daseinsberechtigung, und können in die Kommunikation eingebunden werden – müssen es aber nicht.

Bezogen auf das obige Beispiel hat die Führungskraft mindestens fünf Teammitglieder:

1. Den besorgten Chef, der bei der Anfragenbearbeitung die Kunden verschwinden sieht

2. Den „Menschenfreund", der den Mitarbeiter von seiner Art her sehr sympathisch findet

3. Das schlechte Gewissen, das weiß, dass er sich stärker um die Einarbeitung hätte kümmern müssen

4. Den stolzen Vorgesetzten, der sich darüber freut, wie schnell sich der Neue eingefunden hat

5. Mr. Tacheles, der sich nicht scheut, ein offenes Wort zu reden

STÖRUNGEN KLÄREN

Das Konzept vom Inneren Team (Schulz v. Thun).

Im obigen Beispiel hat die Führungskraft wenigstens fünf innere Teammitglieder.

STÖRUNGEN KLÄREN

Bisher hat er das schlechte Gewissen verleugnet. Der besorgte Chef sowie der stolze Vorgesetzte haben sich gegenseitig behindert und dafür gesorgt, dass Mr. Tacheles nicht zu Wort kommt. Ungezwungenerweise. Denn was spricht eigentlich dagegen, alle fünf Teammitglieder in dem Gespräch mit dem Mitarbeiter ausführlich zu Wort kommen zu lassen – oder doch zumindest zwei oder drei? Glaubenssätze wie: *„Ich muss meinen Mitarbeitern gegenüber immer ganz klar in eine Richtung kommunizieren – und darf meine Ambivalenz nicht zeigen"*, behindern Sie dabei. Da lohnt es sich zu überlegen, ob Sie sich tatsächlich davon leiten lassen wollen.

Eine mögliche Gesprächseröffnung bei Rollenkonflikten.

Möglich wäre eine Gesprächseröffnung wie:
> „Lieber Mitarbeiter, ich möchte jetzt einmal über Ihre ersten Wochen und Monate im Unternehmen reden – und dabei auch aus ganz unterschiedlichen „Rollen" reden, die ich hier in der Firma innehabe. Die eine ist die ‚Ich als Menschenfreund'. Da komme ich prima mit Ihnen aus, finde, dass wir gut miteinander klar kommen. Die andere Rolle ist die ‚Ich als Ihr Vorgesetzter', in der ich auch die Verantwortung für unsere Abteilung trage. Und da wird mir manchmal richtig mulmig zumute, wenn ich auf die Angebote schaue, die Sie rausschicken …"

Ziel: Die klare Trennung verschiedener Rollen.

Diese klare Trennung der verschiedenen Rollen ermöglicht es Ihrem Gegenüber, sich nicht auf der persönlichen Ebene verunsichern zu lassen: Die Kritik kommt aus der Rolle des Vorgesetzten, sie bezieht sich auf eine ganz spezielle Tätigkeit – und nicht auf den ganzen Menschen.

Umgang mit Zielkonflikten.

Je nach Situation macht es Sinn zu schauen, welche Rollen und inneren Teammitglieder Sie in einem Gespräch zu Wort kommen lassen wollen und ob ein bestimmtes Teammitglied eine Vorreiterrolle spielt. In einem Kritik-Gespräch müssen Sie möglicherweise dem besorgten Chef mehr Raum geben als in einem Entwicklungsgespräch, in

Ein Mensch, viele Rollen.

dem Sie die positiven Ressourcen eines Mitarbeiters betonen. Auch möglich: Sie merken, dass einzelne Ihrer inneren Teammitglieder Entwicklungsbedarf haben und einer stärkeren Förderung oder Zuwendung bedürfen. In obigem Beispiel könnte dabei herauskommen, dass Mr. Tacheles in Zukunft stärker unterstützt wird und dabei den „Menschenfreund" als ständigen Begleiter zur Seite gestellt bekommt.

Vielleicht standen Sie selbst einmal einem Rollenkonflikt gegenüber. Versuchen Sie einmal aufzulisten, an welche inneren Teammitglieder Sie sich konkret erinnern können:

-**A**<u>ktion</u>

....

....

....

Störungsebene II: Störungen auf der Beziehungsebene – keine partnerschaftliche Einstellung

Was sind nun eigentlich Störungen auf der Beziehungsebene? Letztlich muss jeder Mensch diese Frage für sich allein beantworten, denn wo der eine die Beziehung

STÖRUNGEN KLÄREN

Beziehungsstörung: Immer dort, wo die Atmosphäre gegenseitiger Akzeptanz verlassen wird.

schon in Frage gestellt sieht, bemerkt ein anderer in der gleichen Situation unter Umständen überhaupt nichts. Aus meiner Sicht lässt sich allgemein definieren, dass eine Beziehungsstörung da anfängt, wo eine Atmosphäre der gegenseitigen Akzeptanz, eine innere Haltung von „Ich bin okay – Du bist okay" verlassen wird bzw. einer der beiden Gesprächspartner es so empfindet. Diese Störungen entwickeln sich meistens, weil es zu Akzeptanzproblemen und Statusspielen zwischen den Gesprächspartnern kommt. Wo kein Raum ist, eine solche Störung oder Wahrnehmung zu besprechen, steigt die Wahrscheinlichkeit von Konflikt-Eskalationen enorm an.

Beispiel: „Machen Sie doch gleich noch das Angebot für das Innenministerium fertig …"

Stellen Sie sich einmal vor, dass die Auftragslage in Ihrem Geschäft so gut ist, dass Sie die letzten zwei Samstage schon in Ihrem Büro verbracht haben. Dennoch kommen Sie mit der Arbeit nicht nach und auf Ihrem Schreibtisch stapeln sich die Kundenakten. Es ist Donnerstag, 14:00 Uhr und jetzt kommt Ihr Chef hereingeschlendert, Blickkontakt hat er nur noch zu seinem Handy, lässt aus dem Handgelenk eine schwere Akte auf Ihren Schreibtisch krachen und verkündet mit einer Stimme, die keinen Widerspruch duldet:

> *„Machen Sie doch gleich noch das Angebot für das Innenministerium fertig, damit das heute noch mit der Post rausgeht!"*

Den Störungen begegnen – oder den Ärger herunterschlucken?

Wie reagieren Sie? Schauen Sie ihn mit heruntergefallenem Kinn und weit aufgerissenen Augen entsetzt an – und schlucken Ihren Ärger runter? Oder gehen Sie erst einmal in die Cafeteria und reden sich Ihren Unmut von der Seele – doch sobald der Chef vorbeikommt, tun Sie so, als sei nichts gewesen? Als schlagfertige Natur fällt Ihnen möglicherweise eine schnittige Antwort ein:

> *„Wenn das Ministerium sich auch mit Entwürfen begnügt – okay."*

Oder:

> *„Seit wann geht die Post denn noch nach 24:00 Uhr raus?"*

Oder:

> „Eine schöne Idee – aber ich kann mich nicht zweiteilen."

Manchen Menschen platzt in einer solchen Situation der Kragen:

> „Mir reicht's! Das halte ich nicht mehr aus – schließlich bin ich kein Packesel! Was soll ich eigentlich noch alles in den nächsten zwei Stunden erledigen? Ich gehe jetzt zum Personalrat und mache mich erst mal über meine Rechte schlau. Das Angebot können Sie selbst fertig machen!"

Mit all diesen Entgegnungen haben Sie möglicherweise Erfolg. In dem Sinne, dass der Chef merkt, er ist zu weit gegangen, und er jetzt mit Ihnen eine konstruktive Lösung sucht.

Möglich ist es aber auch, dass er seinerseits unter Druck steht, zu einem Perspektiv-Wechsel nicht in der Lage ist – weil er auch nicht weiß, vor welchem Hintergrund Sie so in Rage geraten, und nun von sich aus die verbale Keule rausholt:

> „Demnächst haben Sie ganz viel Zeit, noch viel mehr Dinge zu erledigen – allerdings ausschließlich Ihre privaten."

STÖRUNGEN KLÄREN

Den anderen merken lassen, dass er zu weit gegangen ist.

Gemeinsam konstruktive Lösungen suchen.

▶ **Ich-Botschaft**

Aus meiner Sicht geht es bei der Störungsklärung vor allem darum, im Dialog zu bleiben. Dafür zu sorgen, dass die inneren Schotten der Gesprächspartner offen bleiben und die Fronten sich nicht verhärten. Das klappt am besten, wenn Sie in kritischen Situationen zunächst einmal nur von sich reden, Ihrem Gegenüber verdeutlichen, was gerade mit und in Ihnen los ist – und auf die Suche nach einem Schuldigen verzichten. Ich-Botschaften sind da das Mittel der Wahl. In ihnen spiegelt sich das wieder,

Störungen klären = im Dialog bleiben.

STÖRUNGEN KLÄREN

was wir im Abschnitt 2 zum Thema Echtheit, S. 35 ff. gesagt haben: Artikulieren Sie Ihre Gedanken und/oder Gefühle zu einer spezifischen Situation. In unserem Beispiel könnte das so aussehen:

> *„Mit diesen ganzen Aufgaben in der wenigen Zeit komme ich enorm unter Druck. Ich weiß, in der gewohnten Qualität kriege ich das nicht hin – und das macht mir zu schaffen."*

Auch der Chef könnte seinerseits mit einer Ich-Botschaft klar machen, warum ihm soviel daran liegt, dass die Akte heute noch bearbeitet wird:

> *„Ich habe eben mit dem Kunden telefoniert und ich mache mir Sorgen, dass wir den Kunden verlieren, wenn wir nicht ganz prompt reagieren."*

Mit der Ich-Botschaft formulieren Sie eine Störung, ohne dem anderen gleich den schwarzen Peter zuzuschieben.

▶ Die WiSaGeWu-Methode

(1) Wi	Geben Sie wieder, wie Sie den anderen verstanden haben:		*„Sie möchten also, dass ich das Angebot noch heute fertig mache?"*
(2) Sa	Beschreiben Sie, wie sich Ihre Situation gerade, nüchtern und sachlich betrachtet, gestaltet:		*„Ich möchte Ihnen gerne einmal vorstellen, was da in den letzten Tagen alles auf meinem Schreibtisch und in meinem Terminkalender gelandet ist."*
(3) Ge	Sagen Sie dann etwas zu Ihren Gedanken und Gefühlen:		*„Mit diesen ganzen Aufgaben in der wenigen Zeit komme ich enorm unter Druck. Ich weiß, in der gewohnten Qualität kriege ich das nicht hin – und das macht mir zu schaffen."*
(4) Wu	Sagen Sie dann, welches Verhalten Sie sich von Ihrem Gegenüber wünschen oder was Sie sich erwarten:		*„Bitte nehmen Sie sich einen Moment Zeit, um mit mir die Prioritäten festzulegen, denn alle Aufträge bis 16:00 Uhr – das geht beim besten Willen nicht."*

WiSaGeWu steht für **Wi**edergabe, **Sa**chverhalt, **Ge**danken/Gefühle und **Wu**nsch – und ist deswegen eine Erweiterung der Ich-Botschaft.

In der Wiedergabe (1) signalisieren Sie dem anderen, dass Sie seine Absicht verstanden haben. Indem Sie sachlich und nüchtern beschreiben (2), wie sich Ihre Situation gestaltet, werden Ihrem Gesprächspartner die Hintergründe Ihrer Reaktion deutlich. Ihre Gedanken und Gefühle (3) sind die Ich-Botschaft, und im letzten Schritt (4) äußern Sie Ihren Wunsch, wie Sie mit der Situation umgehen möchten, und nehmen Ihren Gesprächspartner damit in die Pflicht, gemeinsam mit Ihnen nach Auswegen zu suchen.

Der Vorteil dieser Variante liegt darin, dass Sie es Ihrem Gesprächspartner mit hoher Wahrscheinlichkeit leichter machen, Ihnen zu folgen. Warum? Weil Sie auf die Suche nach einem Schuldigem verzichten, den Gesprächspartner nicht in die Verteidigungsstellung drängen, sondern Ihre eigene innere Einstellung thematisieren. Ihr Gegenüber ist dann eher bereit, sein Verhalten zu überprüfen und in andere Richtungen zu lenken.

Und wenn er dann sagt: *„Das ist nicht mein Problem"* – dann machen Sie ihm am besten die Konsequenzen seines Verhaltens klar: *„Das bedeutet, dass zwei Sachen auf jeden Fall hinten runter fallen, da ich mich beim besten Willen nicht zweiteilen kann."*

Das Beispiel *„Machen Sie doch gleich noch das Angebot für das Innenministerium fertig …"* in dem speziellen Kontext ist typisch für viele kleine und größere Störungen, die sich Tag für Tag in den Unternehmen abspielen. Sie sind nicht eingebettet in längere Gespräche – sondern einzelne „Meldungen", an denen sich die Gemüter erhitzen, die aber auch schnell behoben werden können.

STÖRUNGEN KLÄREN

Signalkette WiSaGeWu:

- Ich habe deine Absicht verstanden.
- Ich beschreibe sachlich die Situation.
- Ich formuliere die Störung per Ich-Botschaft.
- Und drücke meine Erwartungen aus.

Vorteil:
Der Gesprächspartner wird nicht in eine Verteidigungsposition gedrängt und kann sein eigenes Verhalten daher leichter überprüfen.

STÖRUNGEN KLÄREN

Ist der Kontakt zwischen zwei Gesprächspartnern grundsätzlich schwierig, reichen einzelne Ich-Botschaften häufig nicht mehr aus. Da braucht es eine ausdrückliche Thematisierung der Art und Weise der Kommunikation. Der Fachbegriff dafür lautet Metakommunikation.

▶ **Metakommunikation**

Metakommunikation: Ein Gespräch darüber führen, wie man miteinander spricht.

„Meta" kommt aus dem Griechischen und bedeutet soviel wie „über". In Verbindung mit Kommunikation: ein Gespräch darüber führen, wie man miteinander redet. Und zwar, indem Sie aus dem inhaltlichen Fortschreiten des Gesprächs aussteigen und die Art und Weise des Umgangs oder die wahrgenommene Störung zum Gegenstand des Gesprächs machen.

Metakommunikation

Wie aber kann man das konstruktiv ansprechen – ohne als Mimose dazustehen und ohne das Gesicht zu verlieren? Zum Beispiel so:

> „Ich möchte jetzt einmal unser aktuelles Thema zur Seite stellen und Ihnen sagen, wie es mir mit der Art und Weise geht, in der wir hier miteinander reden / wie es mir mit dem Verlauf unseres Gesprächs geht /

wie es mir geht mit dem, wie wir hier miteinander reden. Und da habe ich den Eindruck …"

Nehmen wir einmal an, Ihr Gesprächspartner behandelt Sie „von oben herab", als „Nicht-okay-Person", kommandiert Sie herum, hört Ihnen nicht zu oder unterbricht Sie ständig.

Analog zu den fünf Stufen der konstruktiven Störungsklärung geht es zunächst einmal darum, dass Sie sich Ihrer eigenen Empfindungen und Gefühle bewusst werden und damit einen guten Kontakt zu sich selbst herstellen (Echtheit!). Halten Sie einen Moment inne. Schließlich ist es bis jetzt nur ein Eindruck, den Sie haben – und wer sagt, dass der richtig ist?

Woran machen Sie es fest, dass Ihr Gegenüber Sie als Nicht-okay-Person ansieht? Manchmal erkennt man das nonverbal, am etwas herablassenden Blick oder Tonfall, generell an körpersprachlichem Dominanzverhalten (hochgezogene Augenbrauen, nach oben oder unten gezogene Mundwinkel) oder auch verbal: Ihr Gegenüber unterbricht Sie, geht nicht auf Ihre Vorschläge ein und betont gebetsmühlenartig immer wieder seine Kompetenz und Erfahrung (*„das mache ich schon seit 20 Jahre so"*). Metakommunikativ bieten sich da folgende Formulierungen an:

> *„Ich möchte jetzt einmal unser aktuelles Thema zur Seite stellen und Ihnen sagen, wie es mir mit dem Verlauf unseres Gesprächs geht: …*
> *Ich finde es nicht gut, dass Sie mich schon mehrfach unterbrochen haben und Sie bisher noch nicht zu meinen Vorschlägen Bezug genommen haben."*

Oder:
> *„Ich möchte Ihre Erfahrung nicht in Abrede stellen – und gleichzeitig möchte ich mich auch mit meinen Ideen einbringen."*

STÖRUNGEN KLÄREN

Störungsklärung:
• *Kontakt zu sich selbst herstellen.*

• *Einen Moment innehalten.*

• *Prüfen: Wo vermuten Sie die Störung?*

• *Störung ansprechen.*

STÖRUNGEN KLÄREN

Gut möglich, dass Ihr Gesprächspartner zunächst abwehrt. Aber: Bleiben Sie am Ball. Ein partnerschaftlicher Gesprächsführer ist Ihnen für Ihre Hartnäckigkeit dankbar – und wenn sich aus Ihrem Klärungsantritt nichts Konstruktives entwickelt, ist das ja auch eine wichtige Information. Schauen Sie zudem im Abschnitt FAQ, S. 239, und im Abschnitt Stellung beziehen unter der Überschrift Optionen entwickeln, S. 190 nach weiteren Handlungsmöglichkeiten.

Was tun, wenn es Ihnen schwerfällt, Ihren Gesprächspartner zu akzeptieren?

Was unternehmen Sie im umgekehrten Fall, wenn es Ihnen schwerfällt, Ihr Gegenüber als vollwertigen Gesprächspartner zu akzeptieren und Sie merken, dass Sie ihn von oben herab als „Nicht-okay-Person" behandeln?

Bevor Sie ihm endgültig den „Du-bist-nicht-okay-Stempel" aufdrücken, probieren Sie einmal etwas anderes. Zum Beispiel die Tipps aus dem Kapitel Partnerschaftliche Einstellung:

▶ Innehalten und bewusst machen, was passiert.

▶ Versuchen Sie Abstand zu nehmen, beispielsweise indem Sie sich vorstellen, dass Sie auf der Tribüne einer Arena Platz nehmen und von dort aus sich und Ihren Gesprächspartner beobachten.

▶ Fragen Sie sich, was Sie aufregt, was Sie auf die Palme bringt. Manchmal zeigt der andere Seiten, die wir auch an uns kennen – aber nicht wahr haben wollen. Und dann werden sie umso stärker beim anderen abgelehnt. Getreu dem Motto: Was ich an mir nicht leiden kann, das häng' ich einem anderen an.

▶ Nehmen Sie dann Kontakt auf und finden Sie heraus, aus welchen Hintergründen und Motiven heraus Ihr Gesprächspartner handelt. Die konkreten Tools dazu finden Sie in den Abschnitten Richtig Zuhören, S. 121 ff. und Fragen stellen, S. 143 ff. Machen Sie es sich zu Ihrem persönlichen Ziel herauszufinden, wie der andere zu seinen Ansichten kommt/wie er „funktioniert" und seine Wirklichkeit verarbeitet, und Sie werden ihn verstehen – ohne seine Meinung übernehmen zu müssen.

Akzeptanz-Check:

- Ich halte inne und baue Stress ab. Ich konzentriere mich auf meine Atmung.
- Ich nehme Abstand, betrachte die Situation aus der Vogelperspektive.
- Was regt mich am anderen auf? Nähe, Distanz, Dauer, Wechsel?
- Welche Gründe wird der andere für sein Verhalten haben (Motive/Werte)?
- Wie mag er die Situation erleben?

Der beste Weg zu mehr Sicherheit in der Metakommunikation ist – neben einem speziellen Training – das Üben mit einem Kollegen oder einem Freund/einer Freundin. Geben Sie Ihrem „Sparringspartner" einige Hinweise zu der Person, mit der Sie es schwer haben – und gehen Sie dann in die Störungsklärung. Lassen Sie sich ein Feedback dazu geben, wie Sie gewirkt haben, ob Sie den anderen erreicht haben oder nicht.

Vielleicht üben Sie an dieser Stelle erst einmal mit sich selbst als Sparringspartner. Bemühen Sie sich doch einmal um die Störungsklärung mit einer konkreten Person, mit der Sie es schwer haben:

....

....

....

....

STÖRUNGEN KLÄREN

Störungsebene III: Unterschiedliche Ziele und Absichten

Menschen sind verschieden und haben dementsprechend auch unterschiedliche Ziele. Wird das nicht transparent gemacht, kommt es schnell zu Störungen auf der Beziehungsebene.

Unterschiedliche Ziele und Absichten führen schnell zu Störungen auf der Beziehungsebene.

Frau Bartok hat gerade einen schwierigen Reklamationsfall bearbeitet. Sie hat gemeinsam mit dem Kunden verschiedene Lösungsoptionen entwickelt – letztlich sind sich beide jedoch nicht einig geworden. Mit einem lauten Türknallen hat der Kunde ihr Büro verlassen. Intuitiv geht Frau Bartok zu ihrem Kollegen Herrn Wendel, um sich die Spannung von der Seele zu reden. Herr Wendel interpretiert ihr Kommen als Aufforderung, einige Lösungsvorschläge für das weitere Vorgehen zu machen und sagt nur:

„Ja, ja – da empfehle ich Ihnen Folgendes …"

Frau Bartok denkt *„Ja glaubt der Wendel denn, mir würden selbst keine Lösungen einfallen"* und Herr Wendel wundert sich, warum seine Kollegin sich seinen Ideen gegenüber so verschlossen zeigt. Kurz und gut: Beide fühlen sich völlig missverstanden.

Oder: Herr Wendel bietet einem Kollegen an, etwas aus dem Supermarkt mitzubringen – seitdem steht dieser zweimal in der Woche vor Wendels Schreibtisch, mit einer Einkaufsliste in der Hand. Der Kollege hat Wendels einmalige Absicht als dauerhaftes Angebot missverstanden.

Lösung: Transparenz schaffen.

Das alles sind Irritationen und Störungen auf Grund von unterschiedlichen Absichten, die die Gesprächspartner verfolgen. Die Wichtigkeit, in diesem Punkt Transparenz zu schaffen, haben wir vor allem im Abschnitt Transparenz schaffen, S. 97 ff. betont.

Mit folgenden Äußerungen sind diese Störungen schnell aus dem Weg geräumt:

Frau Bartok:
„Danke für Ihre Angebote. Doch ich glaube, wir haben uns missverstanden. Ich wollte mir ehrlich gesagt in erster Linie meine Aufregung von der Seele reden – mir die nächsten Schritte aber gerne selber überlegen."

Herr Wendel:
„Sorry, ich glaube, da haben wir uns missverstanden. Ich bin ja kein Bring-Dienst aus dem Supermarkt. Einmal wollte ich Ihnen etwas mitbringen, zur Dauereinrichtung will ich das aber nicht machen."

STÖRUNGEN KLÄREN

Störungsebene IV: Gleiches sagen – Unterschiedliches meinen: Begriffe und Bedeutungsgehalte

Ressourcen und Echtheit okay, Beziehung okay, über Ziele und Absichten haben Sie sich ebenfalls verständigt – und dennoch stellen Sie fest, im vergangenen Meeting völlig aneinander vorbeigeredet zu haben? Viele Störungen in Gesprächen entstehen auf Grund eines unterschiedlichen Bedeutungsgehalts, der den gleichen Worten oder Begriffen gegeben wird. Hier geht es um die rein sachliche Seite in der Kommunikation. Kundenbetreuung ist so ein Begriff, der ganz unterschiedlich verstanden wird. Für den einen bedeutet das, dem Kunden eine aktuelle Broschüre des Dienstleistungsangebots zu senden – für den anderen, einen gemeinsamen Termin mit dem Kunden zu verabreden, mit dem Ziel, die Zusammenarbeit zu intensivieren und weitere Felder der Zusammenarbeit auszukundschaften. Klären Sie also genau ab, was Sie unter bestimmten Begriffen und Handlungen verstehen.

Störung auf Grund von unterschiedlichen Bedeutungsgehalten.

Hier geht es um die rein sachliche Seite der Kommunikation.

Lösung: Bedeutungen klären.

„Bevor wir jetzt zum nächsten Thema kommen, möchte ich sicherstellen, dass wir beide das Gleiche vor Augen haben, wenn wir hier über Kundenbetreuung sprechen."

STÖRUNGEN KLÄREN

Kompetenzüberschneidungen

Störungsebene V: Unklare (Führungs-)Struktur der Organisation

Organisationale Probleme liegen zum Beispiel dann vor, wenn Kompetenzen nicht klar sind, nicht transparent gemacht wurden, wenn es Kompetenzüberschneidungen gibt oder wenn die (Führungs-)Struktur in einer Firma so verworren oder vielschichtig ist, dass die Führungskräfte und Mitarbeiter sich „in die Haare kriegen" und die Verantwortlichkeiten für den entstehenden Ärger beim anderen oder bei sich selbst suchen – obwohl das eigentliche Problem in der organisationalen Struktur einer Company liegt.

Haben ein Abteilungsleiter und ein Teamleiter beide die diziplinarische Führungsverantwortung für einen Mitarbeiter, kommt es fast schon zwangsläufig zu Problemen – es sei denn, Abteilungs- und Teamleiter sprechen sich permanent und sehr detailliert ab.

Diese Ebene behandele ich in „Direkt im Dialog" deshalb nur am Rande, weil sie letztlich in den Bereich der Organisationsentwicklung reicht. Dennoch ist es wichtig, diesen Störungsherd zu kennen, um eine klare Problemzuordnung vornehmen zu können. Suchen Sie die Verantwortlichkeiten dafür also nicht bei Einzelnen oder der Beziehung zwischen Einzelnen – sondern weisen Sie auf die organisationalen Schwierigkeiten hin und lassen Sie kompetente Leute eine Lösung entwickeln.

4. Störungen verringern – geklärt kommunizieren

Gespräche und Kommunikation ohne Störungen und Konflikte – das ist für viele eine schöne Vorstellung – gelingt aber leider nicht. Gelingen kann das Bemühen, Störungen zu verringern und für ein Klima zu sorgen, in dem Störungen gut besprochen werden können. Dazu gehört in erster Linie Echtheit und eine Atmosphäre der gegenseitigen Akzeptanz, eine innere Haltung von „Ich bin okay – Du bist okay". Ferner ein wacher Verstand, der die verschiedenen Ebenen der Störungen voneinander trennt – und schließlich ein Stück kühner Mut, der Sie diese Störungen offen und konstruktiv anpacken lässt. Die beste Art und Weise Störungen zu verringern ist es, geklärt zu kommunizieren.

Man kann Störungen nicht ganz vermeiden, man kann sie nur möglichst gering halten.

Basis dafür: Echtheit und Akzeptanz.

Bevor Sie sich also als Vorgesetzter in einer angespannten privaten Situation mit der Äußerung

> *„Bitte kümmern Sie sich doch auch noch um den Kunden GroßundDauerhaft, Hans-Uwe."*

von Ihrem Mitarbeiter ein

> *„Mir reicht's! Ich gehe jetzt zum Personalrat und werde mir meine Arbeit erst einmal objektiv bewerten lassen"*

einhandeln, denken Sie an die Störungsquellen – und schalten Sie diese aus. Sagen Sie deswegen Ihrem Mitarbeiter, wie es um Ihre inneren Ressourcen bestellt ist, in welcher Beziehung Sie zu ihm stehen, was Sie unter „sich kümmern" verstehen – und was genau von ihm wollen. Möglicherweise denkt der Mitarbeiter sonst:

Innere Ressourcen

> *„Der Chef kann mich nicht leiden, deswegen schaut er so grimmig; er glaubt auch, dass ich zu wenig leiste, deswegen brummt er mir noch mehr Arbeit auf – damit er sich einen lauen Lenz machen kann."*

Als Chef könnten Sie in dieser Situation also sagen:

> *„Ich fühle mich heute nicht in Form. Es gibt da eine private Geschichte, die mir zu schaffen macht. Kurz und gut: Ich kann mich nicht angemessen um den Kunden kümmern."*
> (Ebene I: Echtheit und innere Ressourcen)

STÖRUNGEN KLÄREN

„Ich weiß, dass Sie gute Arbeit machen, und traue Ihnen ohne weiteres zu, mich zu vertreten."
(Ebene II: Beziehung zum Gesprächspartner und Wertschätzung)

„Der Kunde „GroßundDauerhaft" muss betreut werden, er ist für unsere Firma enorm wichtig. Bitte führen Sie den Kunden durch unsere Produktion und gehen Sie anschließend mit ihm essen."
(Ebene III und IV: Bedeutungsgehalt, Absichten und Ziele)

Sicherstellen, dass man so verstanden wird, wie man verstanden werden möchte.

Geklärt kommunizieren und Störungen zu verringern heißt also sicherzustellen, dass Sie so verstanden werden, wie Sie verstanden werden möchten – und im Zweifelsfall ausdrücklich die Ebene ansprechen, auf die es Ihnen ankommt.

5. Rollenspiel:
Störungen klären in der Praxis

(Die Beschreibung des Eingangsszenarios zu diesem Rollenspiel finden Sie auf Seite 14)

Herr Spieler wehrt sämtliche Nachfragen nach seinem persönlichem Befinden ab. Bevor sich Herr Controlé mehrfach eine Abfuhr holt, könnte er Folgendes probieren:

„Herr Spieler, ist es okay, wenn ich Sie einmal etwas Persönliches frage?"

Oder:
„Herr Spieler, ich möchte jetzt mal was sagen, das hat gar nichts so unmittelbar mit dem Thema zu tun. Ich habe jetzt mehrfach versucht, auch mal ein persönliches Thema anzusprechen, erlebe Sie da aber sehr reserviert. Ist alles Private etwas, das für Sie nicht hier in den Job hereingehört – oder bin ich da indiskret gewesen, ohne es zu wollen oder mitzukriegen?"

Herr Spieler redet immer nur von den anderen – gibt keine Fehler zu.

„Herr Spieler, ich höre, Sie sehen die Verantwortung in erster Linie bei Ihren Kollegen. Lassen Sie uns die jetzt einmal außen vor – und schauen ausschließlich auf Ihren Aufgabenbereich. Und ich möchte noch einmal sagen, dass hier kein Sündenbock gesucht werden soll. Ich möchte einfach die Fehlerfreiheit sicherstellen."

Herr Spieler ist kurz angebunden – und zeigt kein Interesse an einer konstruktiven Zusammenarbeit.

„Herr Spieler, ich bin ein wenig irritiert. Ich habe mir extra Zeit für dieses Gespräch genommen – und Sie haben eingangs auch dem Zeitrahmen zugestimmt. Jetzt

STÖRUNGEN
KLÄREN

STÖRUNGEN KLÄREN

erlebe ich Sie sehr kurz angebunden und meine Versuche, die Lösungsansätze etwas genauer und tiefer zu besprechen, sind alle gescheitert. Bitte helfen Sie mir, Sie in diesem Verhalten zu verstehen."

Oder:
„Allmählich werde ich ratlos und sauer – sind Sie an einer konstruktiven Zusammenarbeit überhaupt interessiert – oder soll ich einfach eine Lösung vorgeben, die dann allerdings auch verbindlich befolgt werden muss?"

Oder:
„So kommen wir nicht weiter. Lassen Sie uns morgen früh noch einmal zusammensetzen. Bis dahin bitte ich Sie, konkrete Verbesserungsvorschläge zu erarbeiten."

Herr Controlé redet von oben herab.

„Herr Controlé, ich möchte gerne mit Ihnen die Fehlerquelle ausfindig machen – und bitte Sie, an meine umfangreichen Erfahrungen auf diesem Gebiet zu denken. Ich komme mir gerade ein wenig abgekanzelt vor – ist da was dran? Lieber wäre mir eine partnerschaftliche Diskussion."

Controlé baut sehr viel Stress und Druck auf.

„Herr Controlé, ich fühle mich gerade, als würde die Existenz der Firma von diesen zwei Protokollen abhängen. Welche Gründe gibt es denn noch für diese enorme Anspannung?"

6. FAQs zu Störungen klären

Im vorhergehenden Abschnitt *Rollenspiel: Störungen klären in der Praxis* finden Sie Antworten und Formulierungsvorschläge zu folgenden Fragen:

▶ Mein Gegenüber wehrt Nachfragen nach seinem persönlichen Befinden ab. Was kann ich tun, bevor ich „aufgebe"?

▶ Wie kann ich meinen Gesprächspartner dazu bringen, nicht länger auf andere Menschen zu verweisen und stärker auf sein Verhalten zu schauen?

▶ Was kann ich tun, wenn mein Gegenüber kein Interesse an einer konstruktiven Lösungssuche oder Zusammenarbeit zeigt – bevor ich mich verärgert zurückziehe oder Anweisungen ausgebe?

Wie kann ich mit Arroganz und dem Aufbau von Druck umgehen?

▶ Allen Antworten ist gemeinsam, dass sie in einem ersten Schritt die eigene Wahrnehmung thematisieren und überprüfen. Die Erfahrung sagt, dass es für den anderen dann wesentlich leichter ist, sich auf die Störungsklärung einzulassen.

Was kann ich noch tun, um zu verhindern, dass mein Gesprächspartner sofort die Schotten runterlässt und sich der weiteren Störungsklärung verschließt?

▶ Geben Sie Ihrem Gesprächspartner zu erkennen, dass Sie ihn verstehen – und bleiben Sie dennoch bei Ihrer eigenen Wahrnehmung und bei dem, was für Sie wichtig und möglich ist.

STÖRUNGEN KLÄREN

STÖRUNGEN KLÄREN

Bezogen auf das Beispiel „Hans-Uwe, machen Sie doch bitte schnell das Angebot für das Innenministerium fertig ..." könnte das bedeuten:

„Ich kann gut verstehen, dass Sie es gerne heute fertig haben möchten. Und ich brauche noch einen Tag Zeit."

Oder:
„Ich an Ihrer Stelle würde wahrscheinlich auch so reagieren/das Gleiche wollen. Und es geht darum, dass ich mich nicht zweiteilen kann."

Oder:
„Ich an Ihrer Stelle würde das auch sagen. Und wir haben weiterhin das Problem, dass das bis morgen nicht zu schaffen ist."

Was mache ich, wenn alle bisher genannten Versuche einer konstruktiven Störungsklärung scheitern?

▶ Wenn Ihr Gegenüber weiterhin sich selbst als den „einzig wahren" Problemlöser ansieht und auch Ihre Versuche nicht fruchten, ihn durch Ihre Kompetenz und Ihre Fachkenntnisse zu einem partnerschaftlicherem Stil zu bewegen, probieren Sie doch einmal Folgendes:

„ ..., kann es sein, dass Sie sich für den kompetenteren – oder gar den einzig kompetenten in unserem Gespräch halten?"

„ ..., kann es sein, dass es komisch/ungewöhnlich für Sie ist, sich mit mir auf gleicher Augenhöhe zu unterhalten?"

„Ihr Wissen beeindruckt mich ... – und ich frage mich, warum Sie meinen Vorschlägen kein Gehör schenken."

„Ich wünsche mir, dass wir partnerschaftlich miteinander umgehen, und ich glaube, da haben wir noch Entwicklungsmöglichkeiten."

„Versetzen Sie sich bitte mal in meine Lage. Was würden Sie tun, wenn Ihr Gegenüber sich ausschließlich auf seine eigene Sichtweise konzentriert?"

▶ Sie können das Gespräch auch vertagen und hoffen, dass Ihr Gesprächspartner zu einem späteren Zeitpunkt in partnerschaftlicher Verfassung ist.

▶ Die letzte Möglichkeit ist der Gesprächsabbruch.

STÖRUNGEN KLÄREN

Bleiben wir noch einen Moment im obigen Beispiel (Der Auftrag für das Innenministerium ...) und nehmen einmal an, Ihr Chef überlastet Sie dauerhaft mit Aufträgen und hat sowohl Ihre Klärungsversuche („Ich bin doch kein Packesel"), die Bitte, Prioritäten festzulegen und das Aufzeigen von Konsequenzen („Das bedeutet dann, dass zwei Sachen auf jeden Fall hinten runter fallen ...") mit *„Das ist nicht mein Problem!"* quittiert.
Was tun Sie jetzt? Lesen Sie dazu sechs Alternativen:

1. Im Sinne einer geklärten Kommunikation empfehle ich Ihnen, einen günstigen Zeitpunkt abzuwarten – und dann das vertrauliche Gespräch mit Ihrem Chef zu suchen. Wenn der Stress vorbei ist, klären sich viele Dinge unerwartet schnell und offen.

2. Warum nicht auch einmal etwas frecher werden:

   „Das nenne ich gute Mitarbeiterführung."

   Oder:
   „Gut, dann schicke ich die Angebote eben in Stichworten raus – und auf genaue Berechnungen kann der Kunde sicher verzichten."

   Oder auch: Nehmen Sie Stift und Zettel und schreiben Sie laut auf:
   „Das ist nicht mein Problem." „Darf ich das jetzt auch sagen, wenn ein Kunde Sie sprechen will – und Sie keine Zeit haben?"

STÖRUNGEN KLÄREN

3. Reagieren Sie mit zweisilbigem Humor:

   „Scha – de", „Soso", „Potz Blitz".

4. Reagieren Sie wie er – und kommen Sie mit einem Anliegen nach dem anderen auf ihn zu. Und wenn er sich beschwert, sagen Sie:

   „Sehen Sie – mir geht's genauso. Und jetzt möchte ich mit Ihnen gemeinsam überlegen, was wir da unternehmen können …"

5. Stellen Sie ihm eine projektive Frage:

   „Was würden Sie machen, wenn Ihr Vorgesetzter Ihnen mehr Arbeit auf den Tisch legt, als Sie aktuell bewältigen können?"

6. Schauen Sie noch einmal in den Abschnitt Partnerschaftliche Einstellungen, S. 55 ff. Es gibt auch wunderbare Bücher, die die hier genannten Vorschläge noch vertiefen. Wie wäre es mit diesem Titel: „Mein Chef ist ein Arschloch – Ihrer auch?" von Margit Schönberger? Sie beschreibt überzogenes Chef-Verhalten als persönliche Schwäche des Chefs. Das kann helfen, Abstand zu gewinnen. Oder auch: „Die etwas intelligentere Art auf dumme Sprüche zu reagieren" von Barbara Berkhan. Ein tolles Training, gerade zum Thema Schlagfertigkeit.

Ich habe Ihnen verschiedene Handlungsalternativen vorgestellt. Viele weitere Tipps zum Umgehen mit nichtko-operativem Verhalten finden Sie im Abschnitt Partnerschaftliche Einstellung, S. 55 ff. sowie unter der FAQ-Überschrift im Abschnitt Stellung beziehen, S. 199. Wenn die Störungen in Ihrer Firma auf Dauer viel zu groß und zu belastend werden, dann gehen Sie im Zweifel ruhig und gelassen auf die Suche nach einem neuen Job. Konsequente Jobsuche hilft auch, die Firma noch eine zeitlang zu ertragen.

7. Checkliste

▶ Sie nehmen eine Störung wahr? ❏ ja ❏ nein

Wollen Sie sie ansprechen? ❏ ja ❏ nein

Falls ja, trauen Sie sich eine konstruktive Weise zu? ❏ ja ❏ nein

▶ Probieren Sie, mit einem nüchternen Blick auf die Störung zu schauen: Auf welcher Ebene vermuten Sie die Störung?

a) Zu wenig innere Ressourcen auf Ihrer Seite? ❏ ja ❏ nein
   – mangelnde Echtheit? ❏ ja ❏ nein
   – fehlende Selbst-Wertschätzung? ❏ ja ❏ nein
   – ungeprüfte Annahmen und Konzepte? ❏ ja ❏ nein
   – innere Uneinigkeit/Rollenkonflikte? ❏ ja ❏ nein

b) Meinen Sie und Ihr Gegenüber das Gleiche, wenn Sie von bestimmten Prozessen und Begriffen reden, oder füllen Sie die Worte mit einem unterschiedlichen Bedeutungsgehalt – reden Sie also inhaltlich aneinander vorbei? ❏ ja ❏ nein

c) Gibt es Beziehungsstörungen? ❏ ja ❏ nein

   – Wenn ja, was ist passiert?

   ....

   ....

   – Formulieren Sie, was Sie wahrgenommen haben.

   ....

   ....

   – Ist das auch für den anderen nachvollziehbar? ❏ ja ❏ nein

Checkliste

– Welche Verhaltensänderung wünschen Sie sich?

....

....

d) Fühlen Sie sich in Ihrer Absicht missverstanden?

❏ ja   ❏ nein

– Wenn ja, wo liegt das Missverständnis?

....

....

▶ Falls Ihre Klärungsversuche scheitern, wie frech können Sie gegenüber Ihrem Gesprächspartner werden? (1 = gar nicht frech, 10 = sehr frech)

1 ○ ○ ○ ○ ○ ○ ○ ○ 10

▶ Hilft es, wenn Sie jemand Drittes hinzuziehen?

❏ ja   ❏ nein

▶ Wenn ja, wer könnte das sein?

....

....

8. Das Wichtigste in Kürze

STÖRUNGEN KLÄREN

▶ Störungen und Konflikte sind natürlich – sie gehören zum Leben, sind ein Korrekturprozess und geben Ihnen die Möglichkeit, ein Ungleichgewicht wieder auszugleichen.

▶ Störungen ausräumen heißt nicht, mit der verbalen Keule um sich zu schlagen, nur um als Sieger aus dem Gespräch zu gehen.

▶ Störungen ausräumen heißt vielmehr, offen – mit gebotener Klarheit und Taktgefühl – die Themen anzusprechen, die der vollen Konzentration auf das Gesprächsthema im Wege stehen und der Beziehung zum Gesprächspartner sowie der Qualität des Gesprächsergebnisses abträglich sind.

▶ Die konstruktive Störungsklärung verläuft in folgenden Stufen:

1. Wahrnehmen und Akzeptieren: Da ist etwas nicht in Ordnung

2. Innehalten und Bewusstmachen:
   - was genau passiert da gerade
   - wenn möglich: Störungsebene identifizieren

3. Entscheiden: Störung jetzt ansprechen/später ansprechen/gar nicht ansprechen

4. Störungsklärung im Dialog:
   - Ich-Botschaft
   - WiSaGeWu-Methode
   - Metakommunikation
   - Begriffe und Bedeutungsgehalte definieren
   - Ziele und Absichten transparent machen
   - organisationale Störungen erkennen und benennen

Fazit

STÖRUNGEN KLÄREN

▶ Störungen können vielerlei Natur sein:

- Ihnen ist eine Laus über die Leber gelaufen oder Sie schleppen Themen mit sich herum, die sich bei Nicht-Nennung ungünstig auf das Gespräch auswirken.

- Ihnen fehlen die inneren Ressourcen und Sie können nicht offen damit umgehen.

- Sie gehen zu sparsam mit Ihrer Selbst-Wertschätzung um.

- Ungeprüfte Annahmen vernebeln Ihre Gegenwarts-Klarheit.

- Sie sind sich innerlich uneins und tragen einen Rollenkonflikt mit sich herum.

- Sie und Ihr Gesprächspartner definieren Begriffe und Prozesse ganz unterschiedlich – und merken dies zunächst nicht.

- Ihr Gesprächspartner tritt Ihnen – oder Sie treten ihm – ohne Wertschätzung gegenüber.

- Sie sind mit den Zielen und Absichten Ihres Gesprächspartners nicht einverstanden oder haben das Gefühl, in Ihrer Gesprächsabsicht missverstanden worden zu sein.

▶ No risk – no fun. Seien Sie mutig. Trauen Sie dem Grummeln im Magen. Schauen Sie, auf welcher Ebene sich Störungen manifestieren, und sprechen Sie diese an. Machen Sie Ihrem Unmut Luft.

▶ Machen Sie sich selbst und Ihrem Gesprächspartner gegenüber die unterschiedlichen Rollen transparent, aus denen heraus Sie sprechen: z.B. einmal als Vorgesetzter und einmal als Freund.

▶ Verzichten Sie dabei auf Vorwürfe und auf die Suche nach Schuldigen. Sprechen Sie stattdessen darüber,

was ein bestimmtes Verhalten bei Ihnen auslöst – Ich-Botschaften – und welche Veränderungen Sie sich wünschen.

▶ Die WiSaGeWu-Methode erleichtert es Ihrem Gegenüber, sich auf Ihre Störungsklärung einzulassen:

Wi Geben Sie wieder, wie Sie den anderen verstanden haben.

Sa Beschreiben Sie, wie sich Ihre Situation gerade nüchtern und sachlich betrachtet gestaltet.

Ge Sagen Sie dann etwas zu Ihren Gedanken und Gefühlen.

Wu Drücken Sie aus, welches Verhalten Sie von Ihrem Gegenüber wünschen oder erwarten.

▶ Störungen können nicht verhindert werden – aber Sie können etwas für ein Klima tun, in dem Störungen gut besprochen und ausgeräumt werden: Wertschätzung, Echtheit und Vertrauen sind dafür die Schlüsselworte.

STÖRUNGEN KLÄREN

STÖRUNGEN KLÄREN

9. Trainings-Tipps zu Störungen klären

Störungen klären – das üben Sie am besten im Rollenspiel. Hinweise zur Einleitung und Durchführung von Rollenspielen, inkl. Kernfragen zur Reflexion finden Sie in der Einleitung auf Seite 15 ff.

Die Teilnehmer sollen sich schwierige Situationen, in denen sie sich bereits befunden haben, vor Augen halten, diese kurz skizzieren – und sie dann entweder selbst spielen oder sich vertreten lassen. Lassen Sie die Rollenspieler so lange üben und experimentieren, bis diese eine befriedigende Störungsklärung erarbeitet haben.

Auch gut: Gehen Sie gemeinsam mit Ihren Teilnehmern auf die Suche nach den Formulierungen, die eine gute Störungsklärung zulassen – bei denen die Schotten des Gesprächspartners nicht runtergehen.

Nutzen Sie das Konzept des inneren Teams von Schulz v. Thun, um bei Ihren Teilnehmern die inneren Teammitglieder zu fördern, die für eine Störungsklärung gebraucht werden. Achtung: Das werden bei jedem Teilnehmer andere sein.

Sammeln Sie Beispiele von Störungen und schwierigen Situationen. Versuchen Sie, Ober-Gruppen zu den verschiedenen Störungen herauszuarbeiten: Beziehungs-Störungen, Definitions-Störungen (Gleiches sagen – Unterschiedliches meinen), Störungen auf der Ebene der Absichten und Störungen, die auf Grund von geringen inneren Ressourcen auftauchen.

Gehen Sie gemeinsam auf die Suche nach Lösungen. Viele Anregungen dazu erhalten sie in diesem Abschnitt sowie in Partnerschaftliche Einstellung, S. 55 ff. und in Stellung beziehen, S. 167 ff.

Wie geht es jetzt weiter ...?

SCHLUSSWORT

Sie haben sich mit den neun Erfolgsfaktoren für eine professionelle Gesprächsführung im Unternehmen vertraut gemacht. Wie geht es jetzt weiter? Am besten, indem Sie praktische Erfahrungen sammeln. Durch ständiges Trainieren bauen Sie Ihren Dialog- und Gesprächsführungsmuskel am effektivsten auf.

Kommunikation ist ein Prozess, an dem mindestens zwei Menschen aktiv beteiligt sind. Eine Garantie für störungsfreie Gespräche gibt es leider nicht. Aber: Wenn etwas schief läuft, wissen Sie jetzt, was Sie unternehmen und wo Sie ansetzen können, um die Schieflage wieder ins Lot zu bringen.

Die neun Faktoren, die wir hier klar voneinander getrennt und einen nach dem anderen untersucht haben, wollen im Alltag beinahe gleichzeitig jongliert werden. Nehmen Sie diese Herausforderung beherzt an. Sie haben das nötige Know-how, um:

▶ sich selbst in innerer Balance auszurichten und sich positiv auf Ihren Gesprächspartner einzustellen,

▶ hinreichende Transparenz über Ziele und Erwartungen zu schaffen und den roten Faden zu behalten,

▶ die Interessen und Motive Ihres Gesprächspartners zu erforschen und Ihre Meinung auf den Punkt genau zu formulieren,

▶ in schwierigen Gesprächen so viel Tempo aus dem Gespräch zu nehmen, dass Sie Störungen klären und zum konstruktiven Gespräch zurückkommen können.

Änderungen im kommunikativen Verhalten brauchen Zeit. Ich möchte Ihnen dazu gerne noch einen abschließenden Tipp geben. Konzentrieren Sie sich für Ihr per-

SCHLUSSWORT

sönliches Training zunächst auf ein bis zwei Aspekte. Schaffen Sie zum Beispiel immer wieder Transparenz in Ihren Gesprächen, bis Ihnen das in Fleisch und Blut übergegangen ist. Danach konzentrieren sie sich beispielsweise auf die Fragestellungen. Und wieder eine Woche später ist für Sie möglicherweise Metakommunikation Thema Nr. 1. So werden Sie schrittweise in allen Bereichen sicher, bauen Ihre Gesprächs-Kompetenz auf und verschaffen sich selbst die besten Erfolgserlebnisse.

Nehmen Sie sich nach wichtigen Gesprächen einige Minuten zur Reflexion. Sind Sie mit Ihrem Gesprächsverhalten und mit dem Ergebnis zufrieden gewesen? Wo haben Sie sich sicher gefühlt – wo nicht? Wie hätten Sie besser handeln können? Lassen Sie das Gespräch noch einmal Revue passieren und ändern Sie Ihr Verhalten in Ihrer Vorstellung so, wie es in der wirklichen Situation richtig gewesen wäre. Dieses „mentale Umerleben" hilft Ihnen in der nächsten realen Gesprächssituation, den selben Fehler nicht noch einmal zu machen.

Ich wünsche Ihnen auf jeden Fall Erfolg mit Ihrer Art, im Dialog direkt zu sein.

SACHVERZEICHNIS

A
Absprachen prüfen ... 105, 106
Akzeptanz ... 56, 61, 62, 231
Anonymisierungen aufheben ... 148
Ärger identifizieren ... 38
Aufdecken von Rangfolgen ... 150
Authentisch sein ... 37

B
BEB/TEG ... 184
Begriffe und Bedeutungsgehalte ... 233
Begründungen 170, 173, 187
Behaupten ... 168
Beziehungsebene ... 223, 224
Brainstorm ... 104
Brummsprache ... 125

C
Checkliste ... 29, 51, 68, 91, 115, 137, 163, 204, 243
Cool-down ... 107

D
Das „Kopierer"-Experiment ... 171
Das „Küchenschrank"-Experiment ... 127
Do's beim Zuhören ... 124
Dominikanerübung ... 141
Don'ts beim Zuhören ... 124

E
Echtheit ... 35, 36, 40, 42
Einerseits-Andererseits-Schema ... 179
Entscheidungen herbeiführen ... 147
Entwicklungen nachvollziehen ... 153

F
FAQs ... 27, 48, 66, 89, 112, 134, 161, 199, 239
Fazit ... 31, 53, 71, 92, 116, 138, 165, 207, 244
Fragen ... 143, 146
Führungsgespräche ... 122

G
Gefühle 20, 128
Gegenfragen ... 145
Geschlossene Fragen ... 146
Gespräche strukturieren ... 103
Gesprächs-Phasen ... 98
Gesprächsziel ... 83
Gute Gefühle ... 21

H
Handlungsalternativen entwickeln ... 155
Hypothesen ... 217

I
Ich bin okay – Du bist okay ... 56, 212
Ich-Botschaft ... 225
Individuelle Störungen ... 215
Informationen 145, 151
Innere Ressourcen ... 19, 22, 215
Innere Uneingkeit ... 220
Inneres Team ... 221

K
Kernphase ... 102
Komplexe Themen ... 104
Konflikte ansprechen ... 212
Konstruktive Störungsklärung ... 214
Körperhaltung ... 125
Korrekturprozess ... 213
Kraftressourcen anzapfen ... 156
Kritikgespräch ... 220

SACHVERZEICHNIS

M
Maßnahmenplan ... 105
Metakommunikation ... 228
Mittel- und langfristige Ziele ... 78
Mobbing ... 170

N
Nähe ... 60
Natürlichkeit ... 35
Neugier ... 122
Nicht-okay-Haltungen ... 58

O
Offene Fragen ... 151
Optionen entwickeln ... 104, 190

P
Partnerschaftliche Einstellung ... 55
Perspektivwechsel einleiten ... 154
Priorisieren 150
Problem-Lösungs-Verknüpfung ... 174

R
Reflexion ... 107
Richtiges Zuhören ... 121
Rolle ... 44, 220
Rollenspiel ... 26, 45, 64, 87, 109, 132, 158, 194, 237

S
Schlechte Gefühle ... 21
Schubladendenken ... 219
Schwächen ... 41
Schwermacher ... 24
Selbstbild ... 41
Selbstkontakt ... 39
Selbstmotivation ... 85
Signalkette ... 227
Stellung beziehen ... 167
Störungen ... 211, 215, 235

T
To-Do-Liste ... 105
Toleranz ... 42
Trainings-Tipps ... 32, 54, 72, 94, 118, 140, 166, 208, 248
Transparenz ... 97, 100, 101, 152

U
Uneinigkeit ... 104
Ungeprüfte Annahmen ... 217
Unklare (Führungs-)Struktur ... 234
Unterschiedliche Positionen ... 193
Unterschiedliche Ziele ... 232
Unterschiedliches meinen ... 233

V
Verlaufsmodell ... 98
Verständnis sicherstellen ... 126, 127
Vielfalt ... 59
Viererkette ... 178
Vorbereiten und Einladen ... 100

W
Wahlmöglichkeiten einschränken ... 149
Wahrheitsgehalt ... 171
Wahrnehmung ansprechen ... 40
Warm-up ... 100
Wechselseitiges Einfluss-Nehmen ... 157
Wenn-Dann ... 174
Werte ... 41, 59
Wertschätzung ... 24, 55, 216, 125
WiSaGeWu-Methode ... 226

Z
Ziel – Istzustand – Weg zum Ziel ... 176
Ziele überprüfen ... 85
Zielklarheit ... 77
Zielkonflikte ... 222
Zuhörverhalten ... 124, 130

LITERATUR

Berckhan, Barbara	Die etwas intelligentere Art, sich gegen dumme Sprüche zu wehren Kösel, München 1999
Berne, Eric	Spiele der Erwachsenen rororo, Hamburg 2002
Geißler, Karlheinz A.	Time is honey: Vom klugen Umgang mit der Zeit Oekom, München 2015
Gialdini, Robert B.	Die Psychologie des Überzeugens Hans Huber, Bern 2013
Goleman, Daniel	Emotionale Intelligenz Carl Hanser, München 1996
Harris, T. A.	Ich bin okay – Du bist okay rororo, Hamburg 2007
Kellner, Hedwig	Hart verhandeln, erfolgreich argumentieren Carl Hanser, München 2000
Kindl-Beilfuß, Carmen	Fragen können wie Küsse schmecken. Systemische Fragetechniken für Anfänger und Fortgeschrittene Carl-Auer, Heidelberg 2015
Knapp, Peter (Hrsg.)	Konflikte lösen in Teams in großen Gruppen managerSeminare, Bonn 2013
Kreggenfeld, Udo	Erfolgreich systemisch Verhandeln SpringerGabler, Wiesbaden 2014
Kreggenfeld, Udo	Präsentorik für Profis managerSeminare, Bonn 2015

LITERATUR

Nierth, Tom — Die Kunst, sich selbst zu führen. In: sales business, Mai 2001, S. 77 ff

Rogers, Carl R. — Eine Theorie der Psychotherapie, der Persönlichkeit und der zwischenmenschlichen Beziehungen
GwG, Köln 2009

Rogers, Carl R. — Therapeut und Klient
Fischer, Frankfurt 1983

Schulz von Thun, F. — Miteinander reden, Bände 1-3
rororo, Hamburg 1981-2014

Schulz von Thun, F. — Kommunikationspsychologie für Führungskräfte
rororo, Hamburg 2003

Seliger, Ruth — Das Dschungelbuch der Führung
Carl-Auer, Heidelberg 2014

Siems, Martin — Souling – Mehr Liebe und Lebendigkeit
rororo, Hamburg 1997

Thich Nhat Hanh — Ohne Schlamm kein Lotus. Die Kunst, Leid zu verwandeln
F.A. Herbig, München 2015

Thomann, Christoph — Klärungshilfe konkret. Konfliktklärung im privaten, beruflichen und öffentlichen Bereich
rororo, Hamburg 2013

Wehner, Renate — Alexandertechnik – Achtsame Übungen für mehr Körperharmonie
Trias, Stuttgart 2013

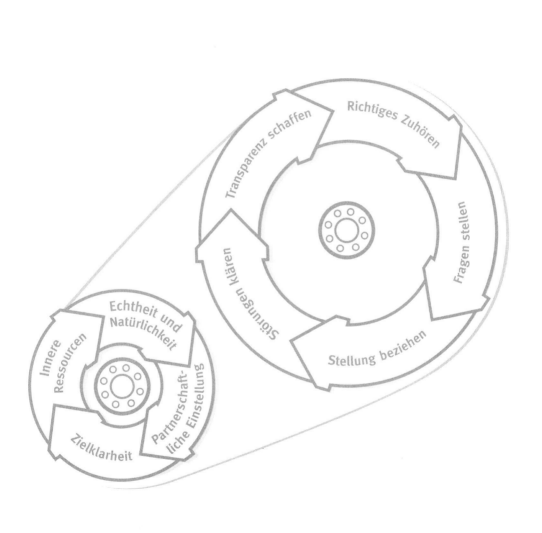

Für bewegende Momente im Training

Hans Heß (Hrsg.)
Erzählbar
111 Top-Geschichten für den professionellen Einsatz in Seminar und Coaching

278 Seiten
ISBN 978-3-941965-32-4
49,90 Euro

Petra Nitschke
Trainings planen und gestalten

288 Seiten
ISBN 978-3-941965-16-4
49,90 Euro

durchgehend vierfarbig!

Bernd Weidenmann
Update für Trainer
Inspirierende Ideen und Methoden für moderne Seminare

280 Seiten
ISBN 978-3-941965-17-1
49,90 Euro

Jörg Friebe
Reflexion im Training
Aspekte und Methoden der modernen Reflexionsarbeit

312 Seiten
ISBN 978-3-941965-08-9
49,90 Euro

1. Publikationspreis der intern. Fachtagung „Erleben und Lernen"